Britta Klopsch

Kompetenztests für den Englischunterricht

Hörverstehen – Sprechen – Lesen

Persen Verlag

Die Autorin Britta Klopsch
ist eine erfahrene Grundschullehrerin.

Gedruckt auf umweltbewusst gefertigtem, chlorfrei gebleichtem und alterungsbeständigem Papier.
Nach den seit 2006 amtlich gültigen Regelungen der Rechtschreibung.

1. Auflage 2010

Illustrationen: Anke Fröhlich
Satz: Satzpunkt Ursula Ewert GmbH, Bayreuth

ISBN 978-3-8344-**3269**-8
www.persen.de

1 Theoretischer Überblick zur Kompetenzmessung

Zunächst werden die Hintergründe der Leistungsmessung und -bewertung im Englischunterricht der Grundschule erläutert.
Der zweite Teil dieses Buches stellt unterschiedliche Instrumente vor, die die Umsetzung dieser Grundgedanken für Lehrerinnen und Lehrer leicht durchführbar machen.

Die Bewertung der Schülerinnen und Schüler im Englischunterricht in der Grundschule basiert auf einem **pädagogischen Leistungsverständnis**, das als Grundlage der Bewertung vor allem Diagnose und Kommunikation vorsieht (vgl. Kania 2003). Lernentwicklungsberichte und Ziffernnoten stehen dabei ergänzend nebeneinander.
Kennzeichen einer pädagogischen Bewertung ist die **Mehrperspektivität**, die die erreichten Kompetenzen in Bezug auf

- die eigene Lernentwicklung (*individuelle Perspektive*)
- die fachlichen Ziele (*curriculare Perspektive*) und
- die Entwicklung im Vergleich zur Entwicklung der Klasse (soziale Perspektive)

berücksichtigt (vgl. Beutel 2002) und dem Kind und seinen Eltern dadurch eine umfassende Rückmeldung bietet.
Die fremdsprachlichen Kompetenzen, die die Kinder am Ende der Grundschulzeit besitzen sollen, sind am „Gemeinsamen Europäischen Referenzrahmen für Sprachen" orientiert, der die folgenden Referenzniveaus beschreibt:

Bereich	**Elementare Sprachverwendung – Kompetenzstufe A1**
Globalskala	Kann vertraute, alltägliche Ausdrücke und ganz einfache Sätze verstehen und verwenden, die auf die Befriedigung konkreter Bedürfnisse zielen. Kann sich und andere vorstellen und anderen Leuten Fragen zu ihrer Person stellen – z. B. wo sie wohnen, was für Leute sie kennen oder was für Dinge sie haben – und kann auf Fragen dieser Art Antwort geben. Kann sich auf einfache Art verständigen, wenn die Gesprächspartnerinnen oder Gesprächspartner langsam und deutlich sprechen.
Hörverstehen allgemein	Kann verstehen, wenn sehr langsam und sorgfältig gesprochen wird und wenn lange Pausen Zeit lassen, den Sinn zu erfassen.
Leseverstehen allgemein	Kann sehr kurze, einfache Texte Satz für Satz lesen und verstehen, indem er/sie bekannte Namen, Wörter und einfachste Wendungen heraussucht und, wenn nötig, den Text mehrmals liest.
Mündliche Interaktion allgemein	Kann sich auf einfache Art verständigen, doch ist die Kommunikation völlig davon abhängig, dass etwas langsamer wiederholt, umformuliert oder korrigiert wird. Kann einfache Fragen stellen und beantworten, einfache Feststellungen treffen oder auf solche reagieren, sofern es sich um unmittelbare Bedürfnisse oder um sehr vertraute Themen handelt.
Schriftliche Produktion allgemein	Kann einfache, isolierte Wendungen und Sätze schreiben.
Spektrum sprachlicher Mittel, allgemein	Verfügt über ein sehr elementares Spektrum einfacher Wendungen in Bezug auf persönliche Dinge und Bedürfnisse konkreter Art.
Wortschatzspektrum	Verfügt über einen elementaren Vorrat an einzelnen Wörtern und Wendungen, die sich auf bestimmte konkrete Situationen beziehen.

Bereich	Elementare Sprachverwendung – Kompetenzstufe A1
Grammatische Korrektheit	Zeigt nur eine begrenzte Beherrschung einiger weniger einfacher grammatischer Strukturen und Satzmuster in einem auswendig gelernten Repertoire.
Beherrschung Aussprache und Intonation	Die Aussprache eines sehr begrenzten Repertoires auswendig gelernter Wörter und Redewendungen kann mit einiger Mühe von Muttersprachlern verstanden werden, die den Umgang mit Sprechern aus der Sprachengruppe des Nicht- Muttersprachlers gewöhnt sind.
Beherrschung der Orthographie	Kann vertraute Wörter und kurze Redewendungen, z. B. einfache Schilder oder Anweisungen, Namen alltäglicher Gegenstände, Namen von Geschäften oder regelmäßig benutzte Wendungen abschreiben. Kann seine Adresse, seine Nationalität und andere Angaben zur Person buchstabieren.
Soziolinguistische Angemessenheit	Kann einen elementaren sozialen Kontakt herstellen, indem er/sie die einfachsten alltäglichen Höflichkeitsformeln zur Begrüßung und Verabschiedung benutzt, bitte und danke sagt, sich vorstellt oder entschuldigt usw.

Tabelle 1: Kompetenzstufen A1 des Gemeinsamen europäischen Referenzrahmens für Sprachen[1]

1.1 Umfang der zu vermittelnden Kompetenzen

Wie auch in jedem anderen Fach werden im Fach Englisch die folgenden Kompetenzen der Schüler angebahnt:

- Methodenkompetenz
- Selbstkompetenz
- Sozialkompetenz
- Sachkompetenz

Dieses Buch beschäftigt sich vorrangig mit der Erhebung der **Sachkompetenz**, die sich im Englischunterricht aus den Bereichen **Hören, Sprechen, Lesen** und **Schreiben** zusammensetzt.
Der Englischunterricht in der Grundschule ist stark (sprach)handlungsorientiert. **Schwerpunkte** sind deshalb der **Kompetenzbereich Hören** mit den Komponenten Zuhören und Verstehen und der **Kompetenzbereich Sprechen**, der aus einem mündlichen, produktiv interaktiven und funktionalen Sich-Verständlich-Machen besteht (vgl. Wallaschek 2003). Der Bereich **Lesen** besitzt eine **untergeordnete Rolle**.
Eine besondere Stellung besitzt die Kompetenz „**Schreiben**". Sie soll nicht aktiv eingefordert werden, sondern wird **rezeptiv** in ihrer unterstützenden und kommunikativen Funktion wahrgenommen. Abschreiben und Nachspuren soll hier möglichst korrekt geschehen, schreiben Kinder eigene kleine Texte, gilt der Grundsatz „fluency before accuracy" – d. h. dem (fast) flüssigen Schreiben wird ein größerer Stellenwert eingeräumt als der schriftsprachlichen Korrektheit des Sprachmaterials.
Eine eindeutige Zuordnung zu einem anglofonen Sprachraum wird vermieden: So befinden sich amerikanische Schreibweisen (z. B. color, favorite) und Begriffe (z. B. Dollar) genauso wie die Abbildung der Flagge Großbritaniens in diesem Band.

1 Quelle: Gemeinsamer europäischer Referenzrahmen für Sprachen: Lernen, lehren, beurteilen. Europarat, Straßburg 2001

1.2 Kompetenzmessung planen

1.2.1 Instrumente zur Kompetenzüberprüfung

Die Instrumentarien zur Kompetenzüberprüfung bestehen im Englischunterricht nur zu einem geringen Teil aus **punktuellen Überprüfungen**, die den Leistungsstand zu einem bestimmten Zeitpunkt erheben.
Genauso wichtig sind dokumentierte **Beobachtungen** in Wiederholungs-, Übungs- und Festigungsphasen, **Lerngespräche** mit Schülerinnen und Schülern und die **Analyse von Arbeitsdokumente**n, wie Schulhefte, Plakate, szenische Darstellungen, Videos usw. um zu einer möglichst umfassenden und objektiven Einschätzung der Kompetenzen zu gelangen.
Im weiteren Verlauf dieses Buches werden unterschiedliche Bögen für Beobachtungen im Unterricht, für Lerngespräche sowie für Selbsteinschätzungen der Schüler vorgestellt. Sie überprüfen vorrangig kommunikative Aktivitäten, sowie den rezeptiven Gebrauch von pragmatischen, phonologischen, lexikalischen und grammatischen Strukturen der Sprache.
Darüber hinaus liegen im zweiten Teil des Buches Arbeitsblätter zur punktuellen Kompetenzüberprüfung vor. Diese wurden zu unterschiedlichen Themen von Klasse 3 und Klasse 4 entwickelt und erheben Kompetenzen in den klassischen Bereichen Hören, Lesen und Schreiben. Des Weiteren lassen sie Aufschluss über die grammatische und die lexikalische Kompetenz zu.

1.2.2 Beurteilungskriterien offen legen

Der Grundgedanke der Offenlegung von Beurteilungskriterien basiert – neben der Transparenz der Notengebung – darauf, dass die Kinder die vom Lehrer oder der Lehrerin durchgeführte Kompetenzermittlung nachvollziehen können und sie damit in die Beobachtung ihrer Lernentwicklung einbezogen werden.
Die Schüler[2] können der Einschätzung des Lehrers besser folgen und werden dazu angeleitet, ihre eigene Leistung nach bestimmten Kriterien einschätzen zu lernen.
Am Ende des Kapitels „2.1. Kompetenzüberprüfung durch Beobachtung“ ist ein **Rückmeldebogen** für die **beobachteten Kinder** vorgestellt (S. 15 ff.), der es ermöglicht, den Kindern unverzüglich Rückmeldungen innerhalb der großen Kompetenzbereiche ‚Sprechen‘, ‚Hören‘, Lesen‘ und ‚Schreiben‘ zur beobachteten Einheit zu geben.
Rückmeldungen zur eigenen Leistung erhalten die Schüler darüber hinaus in den sogenannten **Lerngesprächen.** Ihre Arbeitsgrundlage sind **Selbsteinschätzungsbögen der Schüler**, die zu unterschiedlichen Themenbereichen und Kompetenzen ausgefüllt werden können.
Für die mündlichen Aufgaben ist ein Schülerbogen auf S. 22 einzusehen, die entsprechenden Bögen im Zusammenhang mit schriftlichen Überprüfungen sind am entsprechenden Kapitel ab S. 84 ff. aufgeführt.
Das im Anschluss an die Selbsteinschätzung durchgeführte **Lerngespräch** thematisiert neben Übereinstimmungen auch insbesondere unterschiedliche Wahrnehmungen innerhalb der beobachteten Bereiche zwischen der Lehrkraft und dem Schüler. Als Abschluss des Gesprächs sollte eine Vereinbarung zwischen dem Schüler und der Lehrkraft stehen, die ausweist, auf welche Bereiche der Schüler in Zukunft besonders achten möchte. Je nach Schwerpunkt kann eines der folgenden **Kärtchen** ausgewählt werden, auf dem durch einen Satz verdeutlicht wird, zu welcher **Zielvereinbarung** das Gespräch führte. Das Kärtchen kann einerseits den Schüler daran erinnern, welche Ziele er verfolgt. Andererseits dient es auch als Rückmeldung an die Eltern, woran der Schüler gerade arbeitet.

2 Im Sinne einer besseren Lesbarkeit wird im Folgenden auf die weibliche Form verzichtet, es sei darauf hingewiesen, dass bei jeder männlichen Bezeichnung die weibliche stets mit eingeschlossen ist.

Kompetenzmessung planen

Name: ______________________

Ich möchte im Englischunterricht …

____

____

____

____

Unterschrift Schüler:

____

Unterschrift Lehrer/in:

____

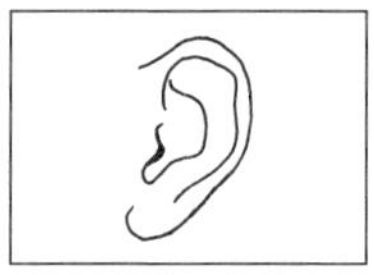

Name: ______________________

Ich möchte im Englischunterricht …

____

____

____

____

Unterschrift Schüler:

____

Unterschrift Lehrer/in:

____

Name: ______________________

Ich möchte im Englischunterricht …

____

____

____

____

Unterschrift Schüler:

____

Unterschrift Lehrer/in:

____

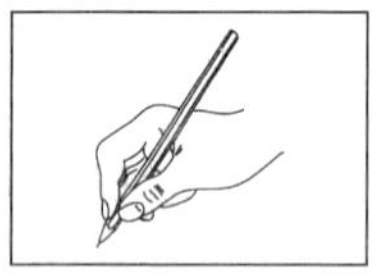

Name: ______________________

Ich möchte im Englischunterricht …

____

____

____

____

Unterschrift Schüler:

____

Unterschrift Lehrer/in:

____

Praktische Tipps zur Durchführung eines Lerngesprächs:

1. Führen Sie das Gespräch **auf Deutsch**.
2. Ziehen Sie den **Selbsteinschätzungsbogen** der Schüler **als Grundlage** des Gesprächs heran.
3. Steigen Sie immer mit einer **positiven Rückmeldung** ein.
4. Thematisieren Sie **Positives wie Negatives**.
5. Überlegen Sie gemeinsam mit dem Schüler, worauf dieser innerhalb der nächsten Zeit besonders **achten** sollte.
6. Halten Sie das **Ergebnis** des Gesprächs **schriftlich fest**.

1.2.3 Von der Kompetenzmessung zur Notengebung

Bei der Ermittlung einer Note, die den Lernstand im Fach Englisch widerspiegelt, muss der Intensität der vermittelnden Kompetenzen Rechnung getragen werden, indem eine angemessene Gewichtung der einzelnen Bereiche vorgenommen wird. Leistungen im **Hörverstehen** und **Sprechen** kommt damit eine **größere Bedeutung** zu, **als** dem **Lesen** oder **Schreiben**.

Bei der Umrechnung eines Kompetenztests in Noten gilt es diese Gewichtung der Kompetenzbereiche zu berücksichtigen. Dies erfolgt durch die **unterschiedliche Bepunktung einzelner Aufgabentypen**. D. h. bei einzelnen Aufgaben, die Kompetenzen im Bereich Hören oder Sprechen erheben, können in der Regel mehr Punkte erzielt werden als bei einzelnen Aufgaben im Bereich Lesen oder Schreiben. Neben der Sachkompetenz sollte auch die im ersten Kapitel genannten **Mehrperspektivität** in die Benotung einfließen, die die **individuelle, soziale** und **fachliche Entwicklung** des einzelnen Kindes berücksichtigt.

Liegen Noten bzw. Einschätzungen zu einzelnen Bereichen vor, die zu einer Gesamtnote verrechnet werden sollen, bietet sich das folgende Modell an:

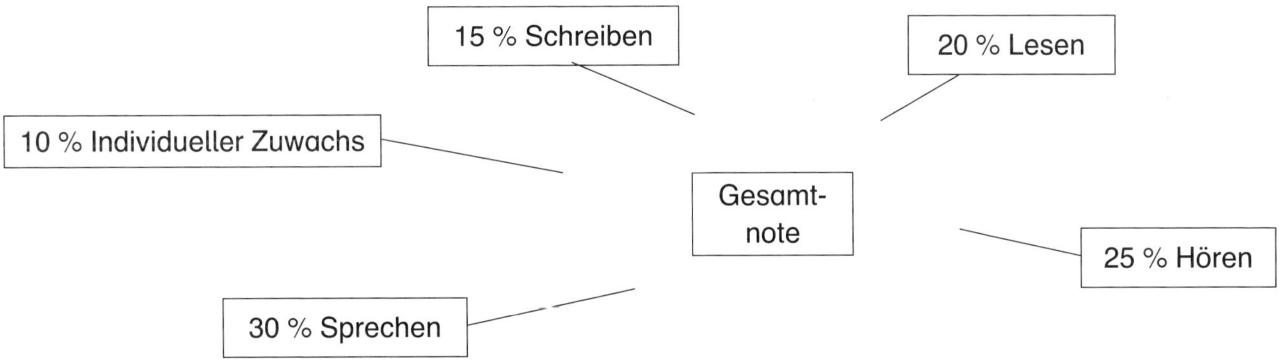

Der **individuelle Leistungszuwachs** der Schüler sollte nicht nur die faktische Leistung, die durch schriftliche Tests und Beobachtungen festgelegt werden kann, umfassen, sondern auch die Arbeitsdokumente sowie die Leistungsbereitschaft der Schüler berücksichtigen, um einen möglichst umfassenden Blick auf die tatsächliche Leistung zu erhalten.

Die **Leistungsbereitschaft** lässt sich beispielsweise durch die **Umsetzung der Zielvereinbarungen**, die im Anschluss an die Lerngespräche formuliert werden (siehe vorangehendes Kapitel), beobachten. Zur objektiven Erhebung des **individuellen Leistungszuwachses** innerhalb der einzelnen **Kompetenzbereiche** ist im Folgenden ein **Kompetenzbogen** für den einzelnen Schüler abgebildet. Dieser dient neben der übersichtlichen Darstellung der über ein Schuljahr erzielten Leistung ebenfalls dazu, die Gesamtleistung innerhalb der großen Kompetenzbereiche zu ermitteln.

Praktische Tipps zur Handhabung eines Kompetenzbogens:

1. Legen Sie für **jeden Schüler einen Bogen** an.
2. Tragen Sie nach jeder Überprüfung das **Datum**, die **erreichte Punktzahl** sowie die zu erreichende **Gesamtpunkzahl** des überprüften Bereiches ein.
3. Am Ende des Schuljahres können Sie nun durch die Addition der Gesamtpunkzahlen und die der erreichten Punktzahlen leicht eine **Gesamtleistung** des Schülers errechnen.
4. Berechnen Sie am Ende des Schuljahres mit der folgenden Formel die **Noten** der einzelnen Teilbereiche:

$$\text{Note} = 6 - \frac{(\text{erreichte Punktzahl}) \times 5}{\text{Gesamtpunktzahl}}$$

Kompetenzbogen

Name: ______________________ Klasse: __________

Datum	Hören		Lesen		Schreiben		Sprechen	
	erP	GP	erP	GP	erP	GP	erP	GP
gesamt:								
Note:								

erP = erreichte Punktzahl; GP= Gesamtpunktzahl

Individuelle Leistung:

Zielvereinbarung 1: ______________________

wurde erreicht: sehr gut | gut | befriedigend | ausreichend | mangelhaft | ungenügend

Zielvereinbarung 2: ______________________

wurde erreicht: sehr gut | gut | befriedigend | ausreichend | mangelhaft | ungenügend

Zielvereinbarung 3: ______________________

wurde erreicht: sehr gut | gut | befriedigend | ausreichend | mangelhaft | ungenügend

Zielvereinbarung 4: ______________________

wurde erreicht: sehr gut | gut | befriedigend | ausreichend | mangelhaft | ungenügend

---

Anstrengungsbereitschaft: sehr gut | gut | befriedigend | ausreichend | mangelhaft | ungenügend

---

Leistungszuwachs: sehr gut | gut | befriedigend | ausreichend | mangelhaft | ungenügend

2 Die praktische Umsetzung

Im Bereich der praktischen Umsetzungen steht zunächst die Sprachaktivierung der Schüler im Vordergrund. Der Lehrer überprüft das Sprachniveau der Schüler hier anhand von Beobachtungsbögen. Danach werden Aufgabentypen vorgestellt, die einzelne Kompetenzen schriftlich überprüfen und damit zu einer differenzierten Einschätzung in einem Bereich führen.
Daneben wurden auch umfangreiche Kompetenzmessungen entwickelt, die mehrere Kompetenzen überprüfen. Sie sind im letzten Kapitel zu unterschiedlichen Themenfeldern als Kopiervorlage erstellt.

2.1 Kompetenzüberprüfung durch Beobachtung

Die Leistungsfeststellung des sprachlichen Niveaus einzelner Schüler gelingt am besten, wenn sich die Schüler in Partnerarbeit oder Gruppenarbeit äußern und die Lehrperson beobachtend am Geschehen teilnimmt.
Hierbei gilt, dass immer nur eine bestimmte Anzahl von Kindern in einer Stunde beobachtet werden können, um eine angemessene Leistungsrückmeldung zu erzielen.
Um den unterschiedlichen Lerntypen innerhalb einer Klasse gerecht zu werden und die Kinder zu motivieren, sich möglichst oft zu äußern, wurden unterschiedliche Aufgabenstellungen zu verschiedenen Themen entwickelt, die eine möglichst große Bandbreite an Leistungen abdecken. Neben dem dialogischen Sprechen bekommt die Lehrkraft zusätzlich Einblicke in den Bereich des Hörverstehens.
Um eine hohe Adaption der Aufgabenstellungen an die individuelle Situation zu ermöglichen, sind die folgenden Aufgabentypen nach kürzeren und längeren Arbeitsphasen differenziert.
Kapitel **2.2.1. Schülerzentrierte mündliche Interaktionen** stellt zwei unterschiedliche Ideen vor, die in **kurzen Unterrichtsphasen** eingesetzt werden können. Sie lassen sich für jedes beliebige Themengebiet abändern und ermöglichen zudem, je nach Schwerpunkt des Lehrers, die Überprüfung unterschiedlicher Satzmuster.
Kapitel **2.2.2. Sprachliche Mittel in Gruppen- und Partnerarbeit** enthält einen Ideenpool von Arbeitsformen, die eine **größere Zeitspanne** umfassen.
Die vorgestellten Aufgaben können in Klasse 3 und 4 angewandt werden.
Je nach Lernstand der Klasse bzw. des einzelnen Kindes kann die Lehrperson bei der gleichen Aufgabe verschiedene Arbeitsanweisungen geben, die ein entsprechendes sprachliches Niveau einfordern.
Die sprachlich leichtere und medial stärker unterstützte Variante wird jeweils unter a) vorgestellt, Aufgabentyp b) strebt ein höheres Niveau der Sprache an und arbeitet mit komplexeren Satzstrukturen und weniger Hilfestellungen.
Zur Differenzierung ist es natürlich möglich, innerhalb einer Klasse mit beiden Aufgabentypen zu arbeiten.

Die Beobachtungsbögen

Die Beobachtungsbögen umfassen jeweils **mehrere Kompetenzen**[3] und **Niveaustufen**, sind aber dennoch für unterschiedliche Schwerpunkte entwickelt.
Dies ermöglicht eine kleine Auswahl von Kompetenzen im Blick zu behalten und so gezielte Aussagen treffen zu können.
Die leeren Spalten auf jedem Beobachtungsbogen bieten Platz für individuelle Erweiterungen.
Die **fünfstufige Niveaufestlegung** kann – wenn die Leistung in den **Kompetenzbogen** eingetragen werden soll – als zu erreichende Punktzahl gerechnet werden.

3 Die überprüften Kompetenzen sind hier im sprachlichen Stil des baden-württembergischen Bildungsplanes 2004 ausgewiesen. Sie sind ebenfalls für die anderen Bundesländer gültig.

Die vorgestellten Beobachtungsbögen wurden für jeden Kompetenzbereich entwickelt. In den **Bereichen Hören, Lesen und Schreiben** können sie **ergänzend** zu den schriftlichen Überprüfungen eingesetzt werden.
Im **Bereich Sprechen** liegen drei unterschiedliche Bögen vor, die als Schwerpunkte

- **dialogisch**es Sprechen,
- **monologisch**es Sprechen und
- **auswendig** gelernte Vorträge

ausweisen.

Um die Arbeit mit den Beobachtungsbögen im Bereich Sprechen zu erleichtern ist es sinnvoller, zuvor über die folgenden Fragen[4] nachzudenken:

- Welche Anforderungen stelle ich an die **Aussprache** (wurde sie z. B. schon oft geübt)?
- Welchen Stellenwert nimmt für mich die **Flüssigkeit** der Antworten ein?
- Was erwarte ich in Bezug auf den **Wortschatz**? Sind Einwortsätze ausreichend? Erwarte ich Sätze mit Zahlenangaben, Adjektiven...?
- Steht die Korrektheit der **Grammatik** im Mittelpunkt?
- Steht die **Verständlichkeit** der Aussagen im Mittelpunkt?

Zusätzlich zu den im konkreten Unterricht einsetzbaren Beobachtungsbögen wurden Rückmeldebögen entwickelt, die der Lehrperson ermöglichen, den Kindern und Eltern einen Einblick in die mündliche sprachliche Leistung ihres Kindes zu geben.

Der **Elternrückmeldebogen** ist an die Beobachtungsbögen der Lehrer angelehnt. Die Rückmeldung besteht aus Hinweisen auf unterschiedliche Bereiche des Englischunterrichts und ist in die gleichen Niveaustufen eingegliedert, die auch der Lehrerbeobachtungsbogen ausweist.
Es empfiehlt sich den Bogen mehrmals im Schuljahr auszufüllen, um die Notengebung möglichst transparent zu gestalten.

Der **Kinderrückmeldebogen** kann direkt nach der Stunde den beobachteten Kindern ausgeteilt werden. Sie sind für jeglichen Unterrichtsschwerpunkt einsetzbar und beschränken sich nicht nur auf die Sprechkompetenz.
Um den Eltern und Schülern konkrete Rückmeldungen zu geben, wird zunächst durch Einkreisen festgestellt, worauf der Schwerpunkt in der beobachteten Situation lag:

„Today we did some..."

Die vier britischen Flaggen neben den Ohren verweisen auf die Leistung im Hören, die der Lippen symbolisieren das Sprechen, neben der Brille stehen sie in Vertretung für die Lesekompetenz und die Flaggen bei dem Stift verweisen auf das Schreiben.
Je nach beobachteter Leistung kann der Lehrer nun eine bis vier Flaggen anzukreuzen und damit unverzüglich eine Kompetenzeinschätzung rückmelden.
Die Bereiche, die von dem Lehrer nicht angemalt wurden, verweisen darauf, dass die Kompetenz nicht beobachtet wurde.

4 Die folgenden Fragen wurden in Anlehnung an Hochstetter (2005, S.5) entwickelt.

Kompetenzüberprüfung durch Beobachtung

Um eine Identifikation der Kinder mit den Rückmeldebogen zu erhöhen wurden für Mädchen und Jungen jeweils unterschiedliche Kinderbilder zugrunde gelegt.

Praktische Tipps zur Durchführung der Beobachtung:

1. Beobachten Sie **nicht mehr als 3–4 Kinder** innerhalb einer Stunde – je mehr Kinder Sie beobachten, desto schwieriger und unvollständiger wird es.
2. Bestimmen Sie **vor der Stunde** die Kinder, die Sie beobachten möchten.
3. Wählen Sie einen **passenden Beobachtungsbogen** für Ihre geplante Stunde aus.
4. Legen Sie **für jedes Kind einen Beobachtungsbogen** an, der weitergeführt werden kann.
5. Beschränken Sie sich bei der Beobachtung auf eine **übersichtliche Anzahl von Beobachtungsmerkmalen** – weniger ist manchmal mehr.

Beobachtungsbogen „Hören“

Name: ______________________________ Klasse: __________

Die Leistung wurde …

(0) nicht erbracht, da sich der Schüler/die Schülerin verweigert hat.
(1) nur mit größeren Hilfestellungen erreicht.
(2) mit kleinen Hilfestellungen erreicht.
(3) selbständig und weitgehend sicher erbracht.
(4) sicher und adäquat erbracht.

Kompetenz	Datum	Datum	Datum	Datum	Datum	Datum	Datum
rezeptive Strategien:							
… kann die Hauptaussage aus einem Text verstehen							
… hat Detailverständnis von einem gehörten Text							
… kann „Classroom Phrases“ umsetzen							
interaktive Strategien:							
… kann Signale zum Sprecherwechsel richtig deuten							
… kann Fragen und Antworten verstehen und entsprechend reagieren							
pragmatische Kompetenz:							
… kann Textsorten unterschieden							
… kann Satzstrukturen erkennen							

Beobachtungsbogen „Lesen“

Name: ______________________________ Klasse: __________

Die Leistung wurde …
(0) nicht erbracht, da sich der Schüler/die Schülerin verweigert hat.
(1) nur mit größeren Hilfestellungen erreicht.
(2) mit kleinen Hilfestellungen erreicht.
(3) selbständig und weitgehend sicher erbracht.
(4) sicher und adäquat erbracht.

Kompetenz	Datum	Datum	Datum	Datum	Datum	Datum	Datum
rezeptive Strategien:							
… kann Wendungen, Wörter und kurze Texte wiedergeben							
… kann den groben Textverlauf erkennen							
… kann Detailinformationen erkennen							
… kann Arbeitsanweisungen verstehen							
produktive Strategien:							
… kann Wortschatzlücken füllen, indem der Grobverlauf erkannt wird							
lexikalische Kompetenz:							
… kennt für die Aufgabe erforderlichen Wortschatzumfang							
… erkennt Wortfelder							
… erkennt Wortfamilien							
grammatische Kompetenz:							
… kann Wörter, Wortgruppen und Phrasen verbinden							
… kann Possessivpronomen verstehen							

Beobachtungsbogen „Schreiben“

Name: ______________________________ Klasse: ________

Die Leistung wurde …

(0) nicht erbracht, da sich der Schüler/die Schülerin verweigert hat.
(1) nur mit größeren Hilfestellungen erreicht.
(2) mit kleinen Hilfestellungen erreicht.
(3) selbständig und weitgehend sicher erbracht.
(4) sicher und adäquat erbracht.

Kompetenz	Datum	Datum	Datum	Datum	Datum	Datum	Datum
produktive Strategien:							
… kann kurze Texte und Wörter aus dem Gedächtnis schreiben							
… kann Postkarten, E-Mails und kurze Briefe nach Vorlage schreiben							
… kann über die eigene Person schreiben							
… kann über Objekte aus bekannten Themen schreiben							
… kann einfache Wendungen korrekt abschreiben							
… kann ansatzweise eigenes Wissen festhalten							
lexikalische Kompetenz:							
… kann Wortfelder bilden							
… kann Wörterlisten erstellen							
grammatische Kompetenz:							
… kann einfache Sätze bilden							
… kann einfache Formen der Negation anwenden							
… kann Wörter verbinden							
… kann Präpositionen verwenden							

Beobachtungsbogen 1: Schwerpunkt: Dialogisches Sprechen

Name: ______________________________ Klasse: __________

Die Leistung wurde …
- (0) nicht erbracht, da sich der Schüler/die Schülerin verweigert hat.
- (1) nur mit größeren Hilfestellungen erreicht.
- (2) mit kleinen Hilfestellungen erreicht.
- (3) selbständig und weitgehend sicher erbracht.
- (4) sicher und adäquat erbracht.

Kompetenz	Datum	Datum	Datum	Datum	Datum	Datum	Datum
Bereich Strukturen:							
… kann einfache Sätze sprechen							
… kann auf formelhafte Weise nachfragen							
… kann um Hilfe bitten							
… kann Arbeitsanweisungen verstehen							
… kann um Wiederholungen bitten							
Bereich Wortschatz:							
… kann neue Wörter mit Hilfe bekannter Wörter bilden							
… kann Wortschatzlücken füllen							
Bereich Kommunikation:							
… kann relevante Beiträge in Gespräche einbringen							
… kann auf Sprecherwechsel angemessen reagieren							
Bereich Aussprache							
… spricht phonetisch richtig							
… spricht flüssig							

Beobachtungsbogen 2: Schwerpunkt: Monologisches Sprechen

Name: ______________________________ Klasse: __________

Die Leistung wurde …
- (0) nicht erbracht, da sich der Schüler/die Schülerin verweigert hat.
- (1) nur mit größeren Hilfestellungen erreicht.
- (2) mit kleinen Hilfestellungen erreicht.
- (3) selbständig und weitgehend sicher erbracht.
- (4) sicher und adäquat erbracht.

Kompetenz	Datum	Datum	Datum	Datum	Datum	Datum	Datum
Bereich Strukturen:							
… kann einfache Sätze sprechen							
… kann einfache grammatische Phänomene richtig anwenden							
… setzt die in der Aufgabenstellung erwarteten Strukturen um							
Bereich Wortschatz:							
… kann neue Wörter mit Hilfe bekannter Wörter bilden							
… kann Wortschatzlücken füllen							
Bereich Kommunikation:							
… kann relevante Beiträge in Gespräche einbringen							
… kann Vermutungen zum Inhalt anstellen							
Bereich Aussprache							
… spricht phonetisch richtig							
… spricht flüssig							
… kann flüssig vorlesen							

Beobachtungsbogen 3: Schwerpunkt: Auswendig Gelerntes

Name: ______________________________ Klasse: ________

Die Leistung wurde …
- (0) nicht erbracht, da sich der Schüler/die Schülerin verweigert hat.
- (1) nur mit größeren Hilfestellungen erreicht.
- (2) mit kleinen Hilfestellungen erreicht.
- (3) selbständig und weitgehend sicher erbracht.
- (4) sicher und adäquat erbracht.

Kompetenz	Datum	Datum	Datum	Datum	Datum	Datum	Datum
Bereich Strukturen:							
… kann einfache Sätze sprechen							
… kann einfache Informationen in formelhafter Sprache ausdrücken							
Bereich Wortschatz:							
… kann den Inhalt des Gelernten auf Deutsch wiedergeben							
… beherrscht die englischen Schlüsselwörter							
Bereich Aussprache							
… spricht phonetisch richtig							
… spricht flüssig							
… spricht intonatorisch richtig							

Liebe Eltern,

da sich die Englischnote Ihres Kindes aus den Bereichen Sprechen, Hören, Lesen und Schreiben zusammensetzt, und Sie durch die Arbeitsmaterialien Ihres Kindes nur einen geringen Einblick in seine Leistung erhalten, möchte ich Ihnen heute einen Überblick über die im Unterricht festgestellten Leistung Ihres Kindes geben.

______________________ (Name des Kindes)	nicht erbracht, da sich das Kind verweigerte	nur mit größeren Hilfestellungen erreicht	mit kleineren Hilfestellungen erreicht	selbständig weitgehend sicher erbracht	sicher und adäquat erbracht
… kann Arbeitsanweisungen verstehen.					
… versteht Details von Geschichten und Texten, die gehört wurden.					
… kann einfache Sätze sprechen.					
… kann um Hilfe bitten.					
… kann um Wiederholungen bitten.					
… kann einfache grammatische Strukturen anwenden.					
… kann neue Wörter mit Hilfe bekannter Wörter bilden.					
… kann Wortschatzlücken füllen.					
… kann passende Beiträge in Gespräche einbringen.					
… kann auf Sprecherwechsel angemessen reagieren.					
… kann den Inhalt von Geschichten auf Deutsch wiedergeben.					
… spricht flüssig.					
… spricht die Wörter richtig aus.					
… kann flüssig vorlesen.					
… kann kurze Wörter richtig auswendig schreiben.					
… kann Wörter korrekt abschreiben.					
… kann ansatzweise eigenes Wissen schriftlich festhalten.					
…					

Die Einsatzbereitschaft Ihres Kindes im Englischunterricht ist

☐ sehr groß ☐ groß ☐ durchschnittlich ☐ eher gering ☐ sehr gering

Unterschrift des Lehrers: ______________________ Datum: __________

Rückmeldebogen für die beobachteten Kinder am Ende der Schulstunde:

Name: ______________________ Date: ____________

Today we did some…

Name: ______________________ Date: ____________

Today we did some…

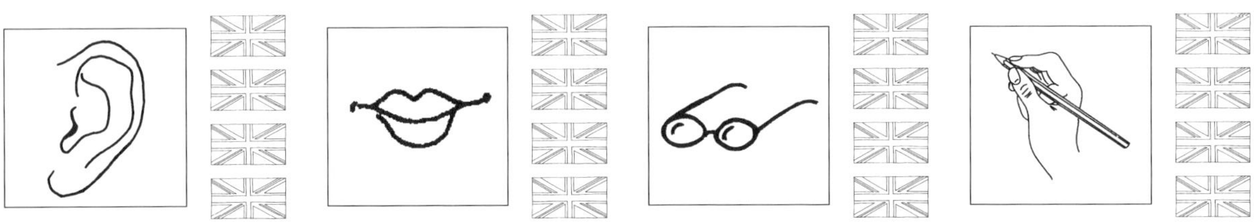

2.1.1 Schülerzentrierte mündliche Interaktion in kürzeren Arbeitsphasen

Die hier vorgestellten Ideen lassen vorrangig Rückschlüsse zur grammatischen Kompetenz der Schüler zu.
Daneben können natürlich auch die produktiven Strategien beobachtet werden, wie der
- gezielte mündliche Vortrag durch vorgegebene sprachliche Muster oder
- die Kombination von sprachlichen Mitteln, durch gezieltes Ausprobieren, um ausdrücken zu können, was der Situation entspricht.

I. Throw the dice

Schwerpunkte der Würfel

Die hier vorgestellten vier Würfel wurden zu unterschiedlichen Themen mit jeweils verschiedenen Sprachanlässen gestaltet:

Thema	***Sprachanlass***
fruit	What is this? – It's a … / What are these? – These are … How much is it? – It's … / How much are they? – They are …
time	What time is it? – It's…
pets/prepositions	What is this? – It's a … Where is it? – It's …

Sprachliche Voraussetzung

• Thema „fruit":	lemon/apple/orange/banana/grapes/pear Zahlen bis 20
• Thema „time":	Uhrzeiten Niveau 1) ganze und halbe Stunden Niveau 2) gesamte Uhr
• Thema „pets"/"prepositions":	dog/cat/mouse/hamster/bird/rabbit in/on/under/behind/in front of/next to

Vorbereitung durch die Lehrperson

- je nach Themengebiet eine Würfelvorlage pro Schüler kopieren
- je nach Themengebiet Satzstreifen mit den passenden Fragen für die Tafel

Sozialform

Partnerarbeit

Arbeitsauftrag

Jeder Schüler bastelt einen Würfel.
In Partnerarbeit würfelt nun ein Kind. Das andere Kind fragt nach dem oben liegenden Bild (What is it? …) Nach einer entsprechenden Antwort wird die zweite Frage gestellt. Danach ist der Partner an der Reihe.
Der Würfel mit den Uhren ist in zwei Niveaustufen vorhanden, je nach Partnergruppe kann hier die schwierigere oder die leichtere Variante ausgeteilt werden.

Würfelvorlage Obst

Cut out the dice.

Fold it and glue it.

Now you can throw the dice!

Cut out the dice.

Fold it and glue it.

Now you can throw the dice!

Würfelvorlage Uhrzeit II

Cut out the dice.

Fold it and glue it.

Now you can throw the dice!

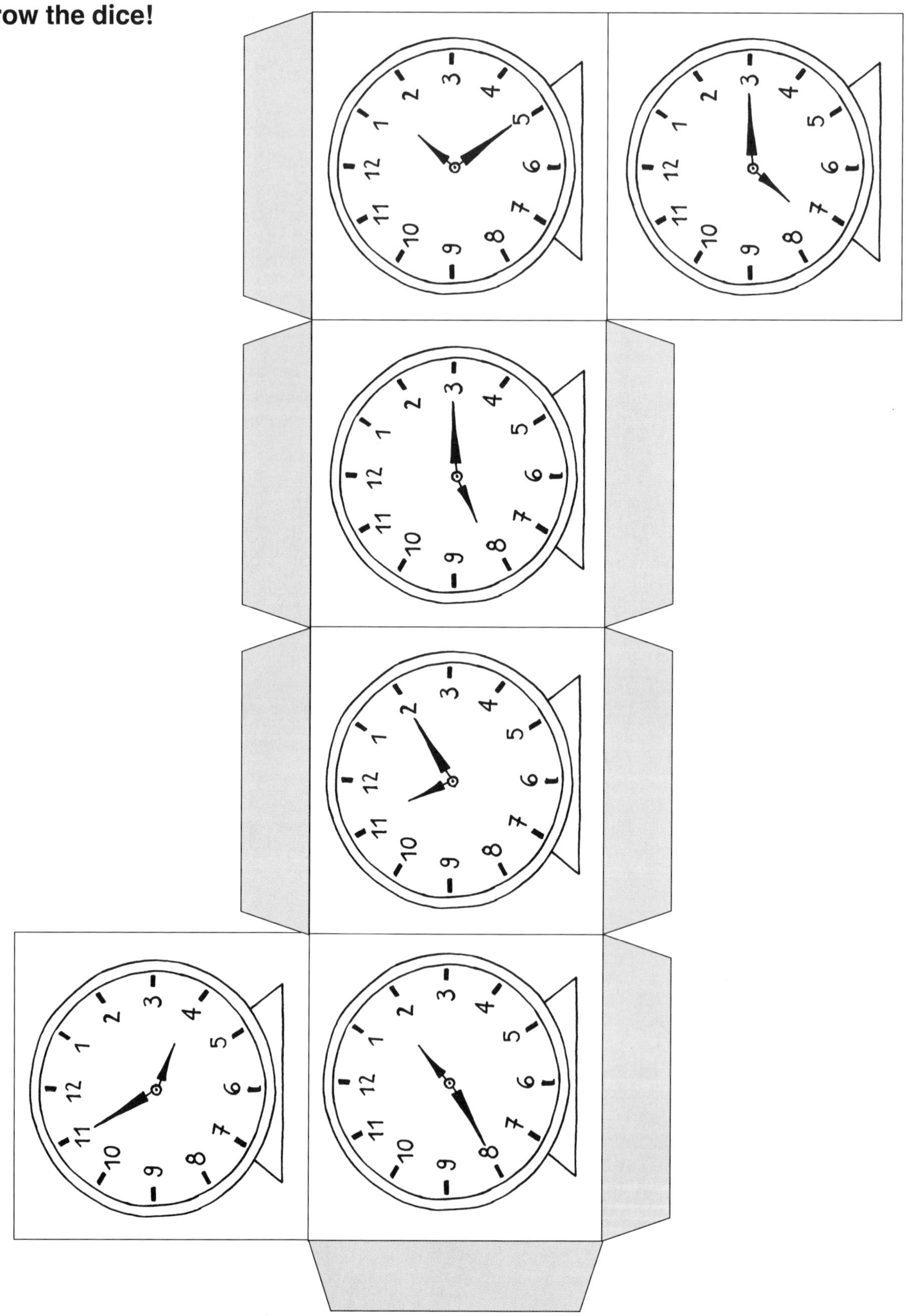

Cut out the dice.

Fold it and glue it.

Now you can throw the dice!

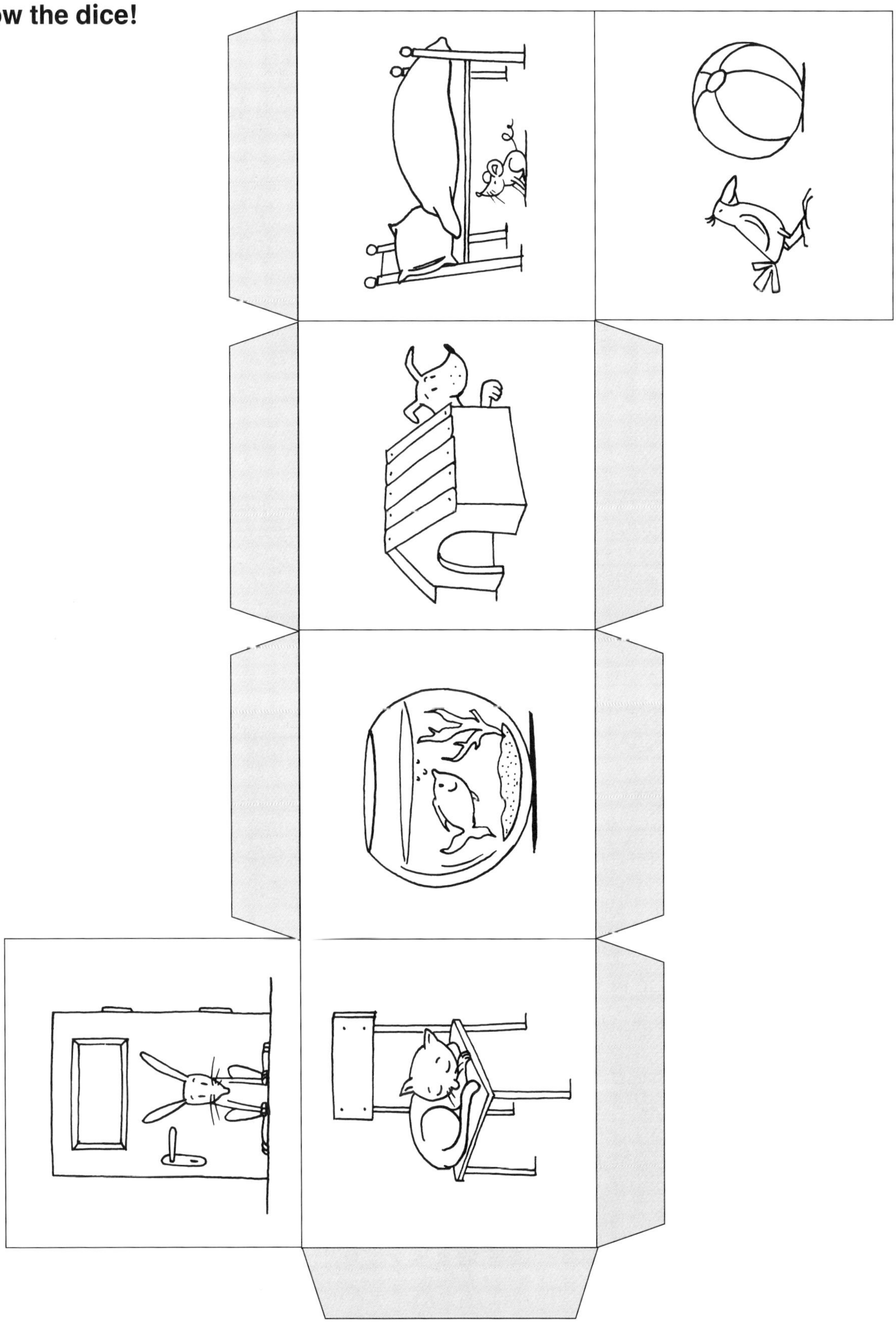

II. What animal is it?

Diese Form der sprachlichen Anwendung beruht darauf, dass ein Kind von dem anderen etwas wissen möchte, das es zur Lösung einer Aufgabe benötigt.

Sprachliche Voraussetzung

- Wortfeld Tiere (mouse, cat, dog, parrot, rabbit, horse, cow, guinea pig, hamster, bird, fish, tortoise, sheep, pig, chicken, duck, goat)
- Farben (grey, black, brown, white, green, red, blue, purple, yellow)
- Futtermittel (grass, grains, cheese, bread, hay, alga, dog/cat food..)
- Fragen zu Tieren stellen:

Grundfragen	*wenn Tiere bereits näher behandelt wurden*
What colors does it have?	*auch:* Does it have paws?
What does it eat?	Does it have a long neck?
Is it small? Is it big?	Does it have horns?
How many legs does it have?	Does it have hooves?
Does it have teeth?	Does it have fur?
Is it a … ?	

Vorbereitung durch die Lehrperson

- Fragebogen und Tierkarten kopieren

Sozialform

Partnerarbeit, Gruppenarbeit oder Großgruppe

Arbeitsauftrag

Je nach Klassengröße und Umfang der bearbeiteten Tiere können unterschiedliche Arbeitsformen gewählt werden.

Version 1

Die Hälfte der Schüler erhält eine Tierkarte, die anderen Kinder einen Fragebogen.
Die Fragebögen bestehen aus einer Übersicht mit allen Fragen, sowie den Bildern von Tieren. Das fragende Kind geht zu einem Kind mit Tierkarte und stellt verschiedene Fragen, um herauszufinden, welches Tier das andere Kind hat. Ist es erraten, darf es auf dem Fragebogen angekreuzt werden und ein neuer Partner wird gesucht.
Als Regel gilt, dass mindestens drei Fragen gestellt sein müssen, bevor eine Vermutung über das Tier angestellt wird (Is it a …?).
Die Aufgabe endet, wenn alle Tiere (oder eine bestimmte Anzahl) gefunden wurden.

Version 2

Jedes Kind bekommt eine Tierkarte und einen Fragebogen. Nacheinander werden die Fragen gestellt und die Tiere erraten. Dann werden neue Partner gesucht.

Version 3

Es ist ebenfalls möglich, die Übung in Partnerarbeit auszuführen. Dazu werden die Tierkarten mit der Bildseite nach unten auf dem Tisch ausgelegt. Ein Kind zieht eine Karte, das andere Kind errät, welches Tier es ist. Danach wird getauscht. Kann das Tier nicht erraten werden, wird es zurück auf den Tisch gelegt.
Eine Differenzierung nach sprachlichem Niveau besteht in der Qualität der Antworten. Während schwächere Kinder mit sogenannten Einwortsätzen (Yes./No.)antworten dürfen, können leistungsstarke Kinder dazu angehalten werden angemessene englische Antworten zu geben:

- Yes it does./No it doesn't.
- It has…/It eats….

Questionnaire

Does it have fur?

Is it big?

What does it eat?

Does it have hooves?

Does it have paws?

Is it a _______?

Is it small?

Does it have teeth?

What colors does it have?

How many legs does it have?

Does it have a long neck?

Einzelne Tierkarten

2.1.2 Sprachliche Mittel in Partner- und Gruppenarbeit

Die folgenden Ideen wurden für längere Arbeitsphasen entwickelt, in denen die Schüler eigenständig Aufgaben ausführen, die der Lehrer beobachtend begleiten kann.
Die einzelnen Aufgaben werden jeweils auf einer Seite zusammengefasst. Dabei werden die überprüfbaren Kompetenzen, die erforderlichen sprachlichen Voraussetzungen, die Vorbereitung des Lehrers, die benötigte Sozialform sowie die Arbeitsanweisung erläutert.
Im Anschluss an jede Aufgabe wird das benötigte Material vorgestellt.

Die Aufgabenstellungen umfassen die folgenden Themen:
- Kleidung und Zahlen
- Zootiere und Richtungsanweisungen
- Zimmer und Einrichtungsgegenstände
- Schule und Zahlen
- Uhrzeit und Hobbys
- Körper und Kleidung
- Das bin ich

Im Anschluss an jede Aufgabe kann von den Schülern der folgende **Selbsteinschätzungsbogen** ausgefüllt werden. Er dient als **Grundlage von Lerngesprächen**. Weitere Selbsteinschätzungsbögen zu schriftlichen Aufgabentypen sind ab S. 84 ff. zu finden.

Name: ______________________ Date: __________

SPRECHEN

Ich kann englische Wörter richtig aussprechen. 

Ich kann ganze Sätze auf Englisch sagen. 

Ich kann verstehen, was meine Mitschüler sagen. 

Ich kann meinen Mitschülern mit englischen Wörtern helfen, wenn sie nicht weiter wissen. 

Ich konnte die ganze Zeit englisch sprechen und habe nichts auf Deutsch gesagt. 

I. Würfelspiel – Kleidung

Überprüfte Kompetenzen:
- Lexikalische Kompetenz (Angabe von Besitz, Bennenung von Wörtern eines Wortfeldes)
- Rezeptive Kompetenz Hören (Äußerungen von Mitschülern verstehen)
- Produktive Kompetenz Sprechen (sehr kurze, einfache Sätze bilden)

Sprachliche Voraussetzung:
- Wortfelder: „Kleidung" (*trousers, shorts, skirt, socks, jacket, hat, t-shirt, pullover, shoes, sneakers, scarf, underwear)*
  „Zahlen" (*bis 12*)
- Wendungen: „I have a … *(number).* I get the … *(clothes)",*
  „It's your turn"

Vorbereitung durch Lehrperson:
- Pro Kind eine Vorlage (Boy oder Girl) und jeweils ein Set von Kleidungsstücken kopieren; Kleidungsstücke müssen vor Spielbeginn ausgeschnitten werden und von hinten beschriftet werden. Dies kann entweder handschriftlich erfolgen oder kopiert werden.
- Für Niveau 2) müssen die Kleidungsstücke farbig sein (evtl. Kinder vorher die Kleidungsstücke ausschneiden und anmalen lassen) oder Muster besitzen.
- Pro Gruppe/Partnerarbeit zwei Würfel bereithalten.
- Zur Erklärung und Erleichterung des Spiels die Satzanfänge „I have a …", „ I get the …" sowie die Wendung „It's your turn" als Satzstreifen für die Tafel vorbereiten.

Sozialform: Partnerarbeit oder Kleingruppe

Arbeitsauftrag:
Die Kinder müssen die vor ihnen liegende Person einkleiden. Dazu muss gewürfelt werden. Das Kind, das würfelt, nennt die entsprechende Würfelzahl („I have a …") und benennt das Kleidungsstück, dem diese Zahl zugeteilt ist („I get the…").
Gewonnen hat, wer zuerst eine vollständig eingekleidete Person hat.
Als Unterstützung wurden die Bezeichnungen der Kleidungsstücke vorher auf deren Rückseite vermerkt. Wenn ein Kind nicht weiß, wie das Kleidungsstück heißt, kann es dort nachsehen. Dann darf es aber nicht legen, sondern muss auf die nächste Runde warten.

Niveau 1)
Spricht das Kind die eingeforderten Sätze korrekt, darf es das Kleidungsstück auf die Vorlage der Person legen. Die Korrektheit wird durch den Spielpartner festgestellt. Durch „It's your turn" wird der Partner aufgefordert zu würfeln und die erwürfelten Dinge zu benennen. Werden Dinge gewürfelt, die bereits der eigenen Person „angezogen" wurden, ist der Partner an der Reihe.

Niveau 2)
Die Durchführung erfolgt wie auf Niveau 1). Das Kleidungsstück darf jedoch nur genommen werden, wenn die Beschreibung durch die entsprechende Farbe bzw. das Muster erweitert wurde, z. B.„I get the blue hat"; „I get the t-shirt with stripes."

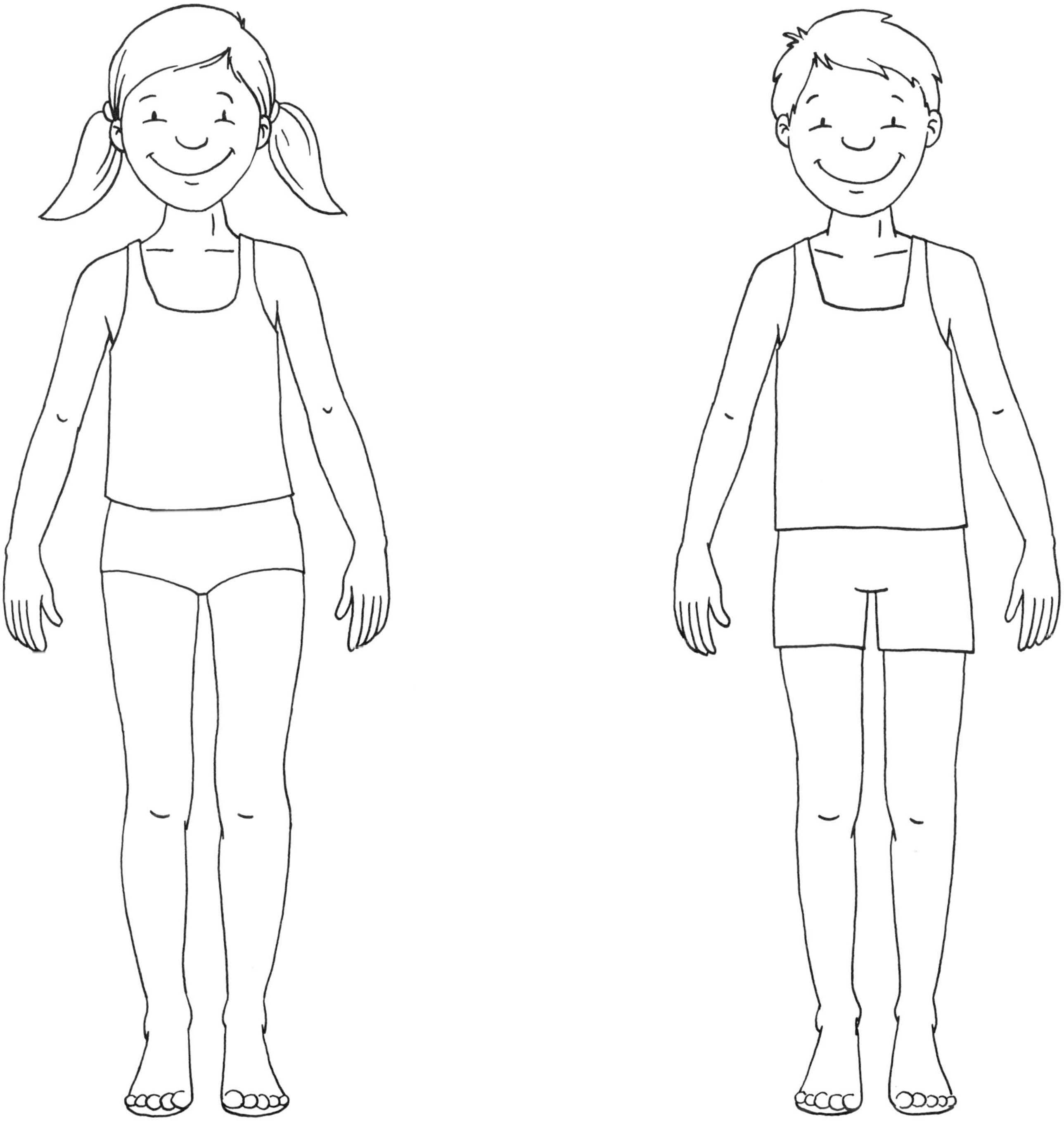

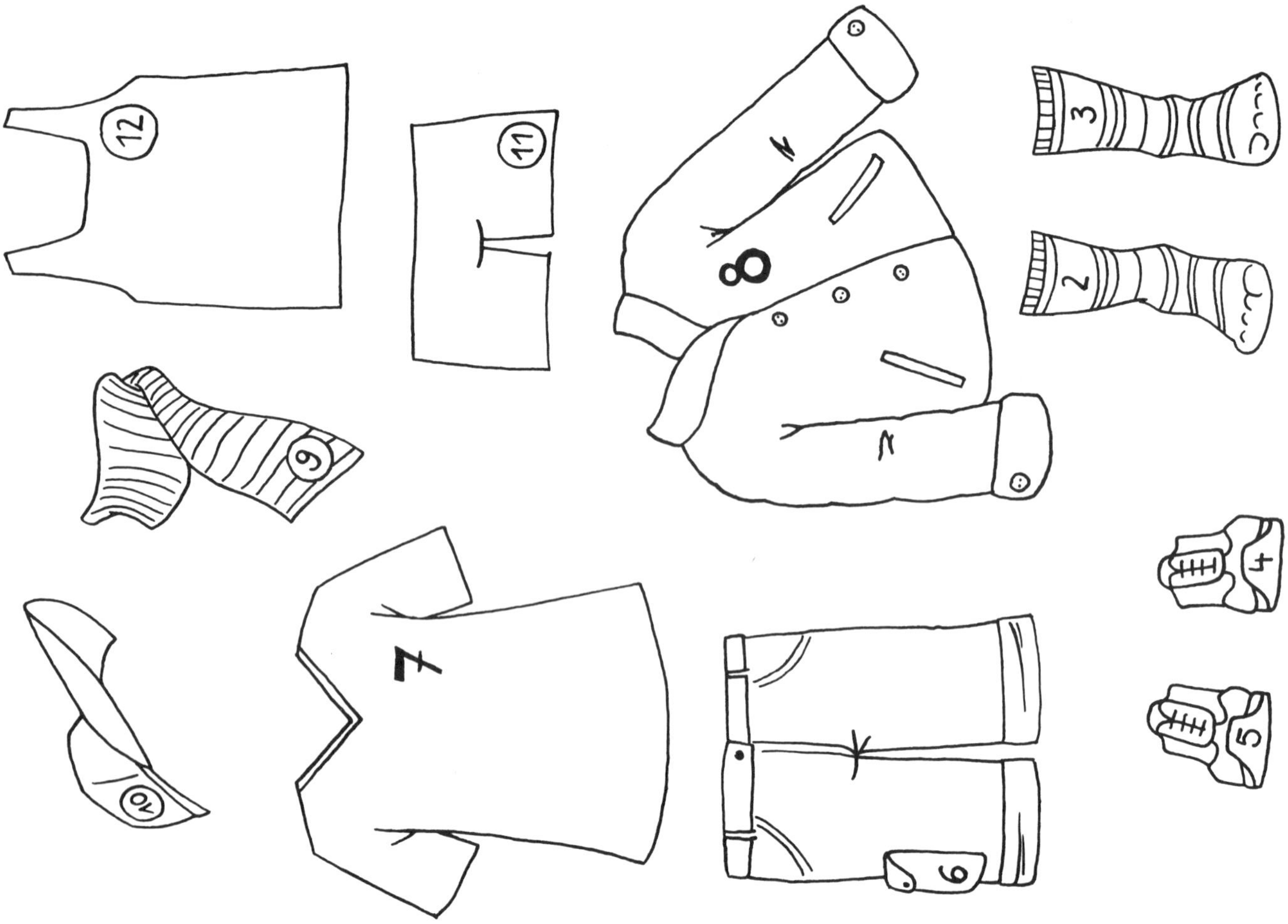

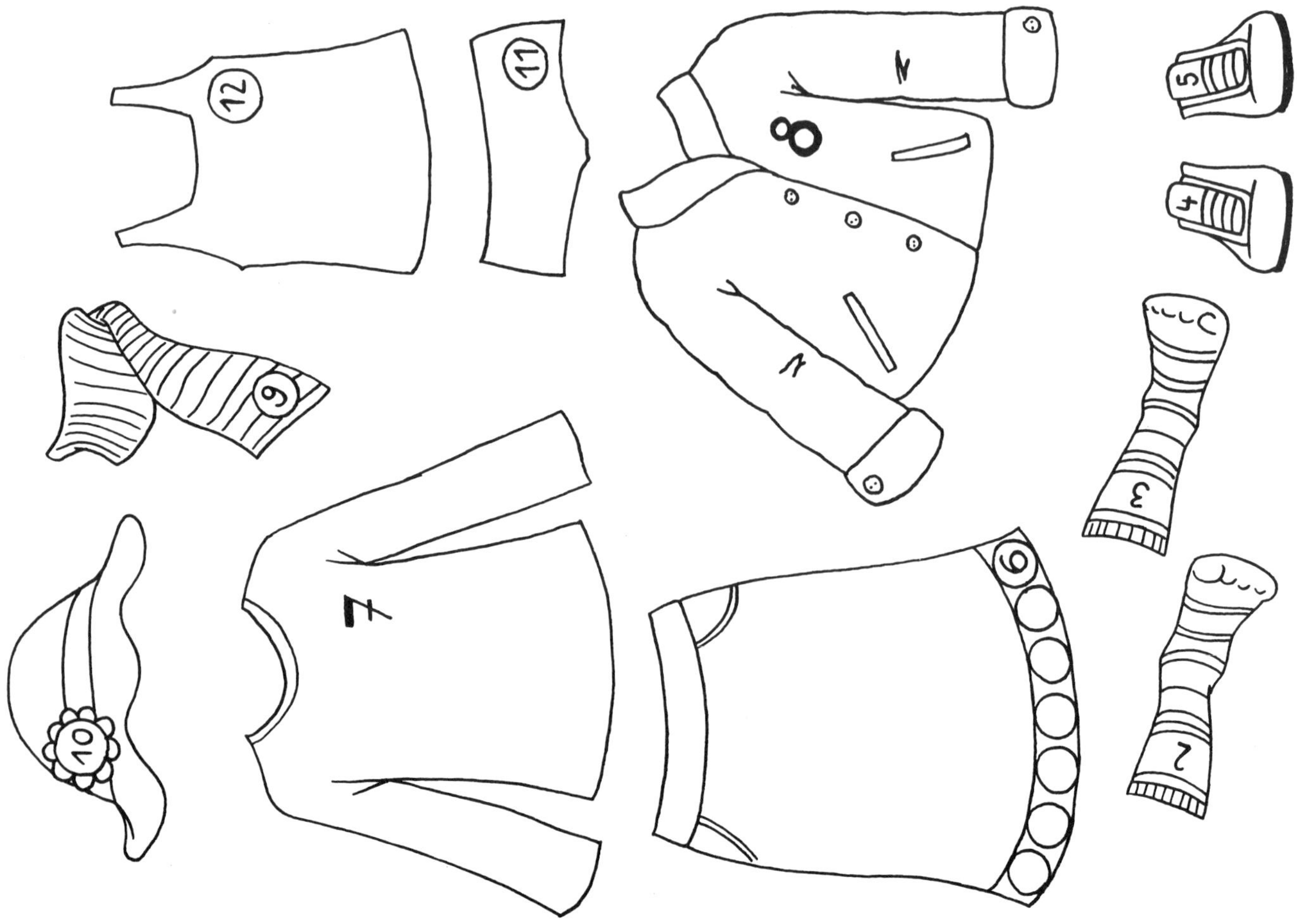

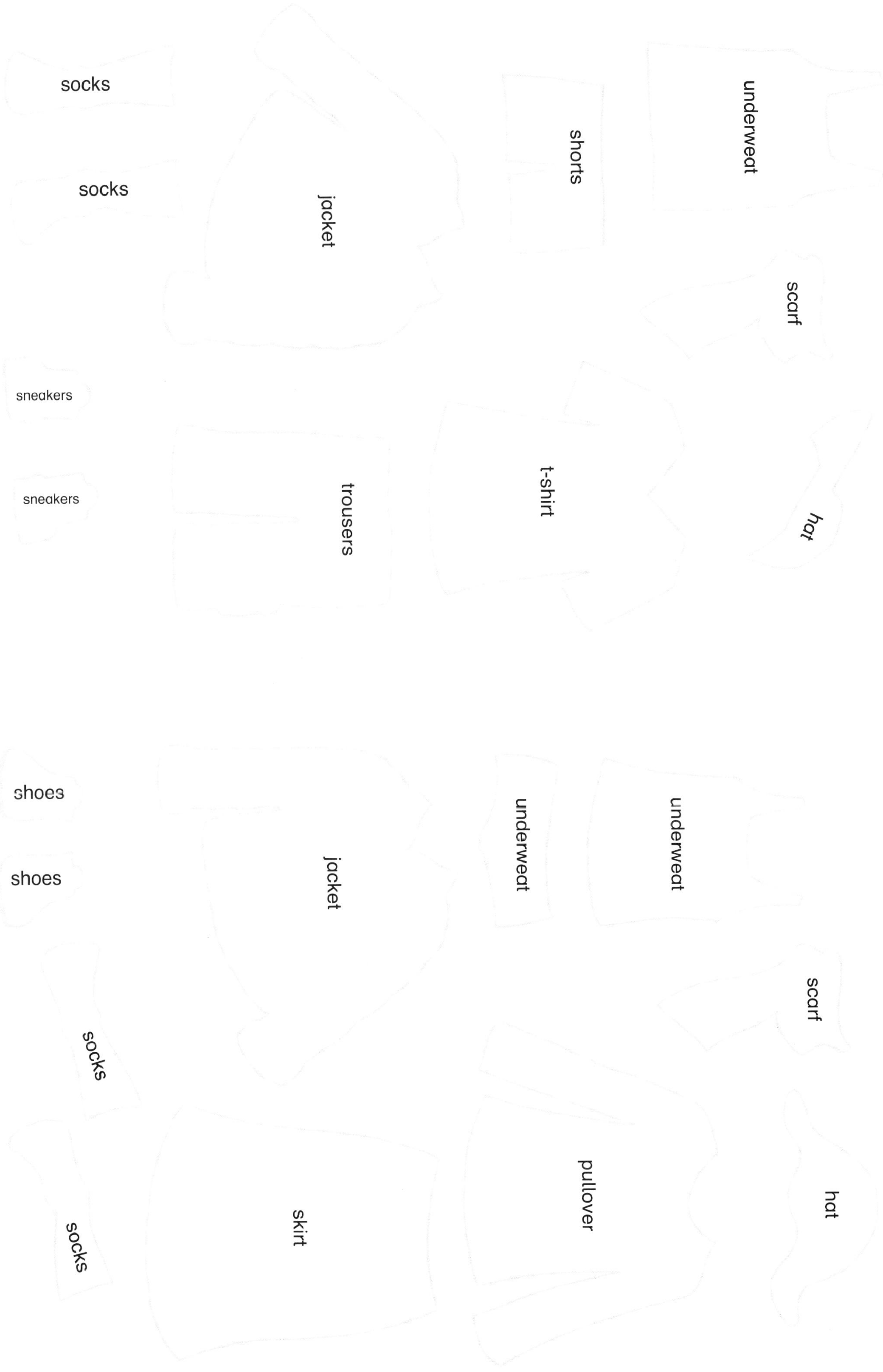
socks
socks
jacket
shorts
underweat
scarf
sneakers
sneakers
trousers
t-shirt
hat
shoes
shoes
jacket
underweat
underweat
scarf
socks
socks
skirt
pullover
hat

II. Wege beschreiben – Im Zoo

Überprüfte Kompetenz:
- mündliche Interaktion/Hörverstehen (bekannte Anweisungen verstehen)
- mündliche Interaktion/Sprechen (formelhafte Anweisungen geben)
- rezeptive Strategie Hören (Wörter zum Kontext in Beziehung setzen)
- pragmatische Kompetenz (etwas beschreiben)

Sprachliche Voraussetzung:
- Richtungsanweisungen kennen (*go straight on/turn left/turn right/the … is on the right/the … is on the left*)
- Zoo animals (*lion, zebra, snake, elephant, monkey, hippo, kangaroo, giraffe, camel, fish, penguin, seal, bear, tiger, parrot)*

Vorbereitung durch Lehrperson:
- 1 Plan für jeweils eine Gruppe kopieren
- je Gruppe 1 Set der Karten auf dickes Papier kopieren und zuschneiden
- für jeden Schüler eine Spielfigur mitbringen
- Satzstreifen für die Tafel mit den Richtungsangaben (go straight on/turn left/turn right/the … is on the left/the … is on the right)

Sozialform: Gruppe mit 2–4 Personen

Arbeitsauftrag:
Die Schüler sitzen um den Spielplan, alle Spielfiguren stehen am Eingang des Zoos.
Die Karten mit den Tieren liegen verdeckt auf einem Stapel.
Der Schüler, der als nächstes Geburtstag hat, zieht die erste Karte und beschreibt seinem rechten Nachbarn den Weg zum entsprechenden Tier.
Der Schüler, der die Arbeitsanweisung umsetzt, muss mit seiner Spielfigur exakt den Weg fahren, den der andere Schüler mit seinen Richtungsanweisungen nennt.
Ist der Schüler beim entsprechenden Tier angelangt, darf dieser die nächste Karte ziehen und den Weg für den rechten Nachbarn beschreiben.
Ab der zweiten Runde wird der Weg von dem entsprechenden Standort der Spielfigur aus beschrieben, nicht mehr vom Eingang aus.

Spielplan:

Spielkarten:

 bear	 camel	 elephant	 fish
 giraffe	 hippo	 kangaroo	 lion
 monkey	 parrot	 penguin	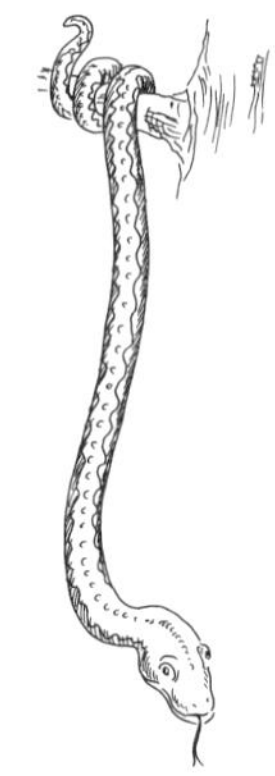 snake
 seal	 tiger	 zebra	

III. Brettspiel – Im Haus

Überprüfte Kompetenz:
- lexikalische Kompetenz (Benutzen eines feststehenden Musters, um Dinge zu benennen)
- Produktive Strategie (Benutzen von Strukturierungs- und Darstellungshilfen sowie von Umschreibungen bei Wortschatzlücken beim mündlichen Produzieren)
- Rezeptives Hören (Äußerungen von Mitschülern als richtig/falsch erkennen)
- pragmatische Kompetenz (bekannte Äußerungen auf ihre Situation anpassen, etwas beschreiben)

Sprachliche Voraussetzung:
- Wortfeld „Haus" (kitchen, living room, bedroom, bathroom, attic, children's room)
- Wortfeld „im Haus" (table, chair, bed, toilet, sink, picture, cat, sofa, armchair, toys, bat, cat, dog, box, father, mother, girl, boy, lamp…)

Vorbereitung durch Lehrperson:
- Spielplan für jede Gruppe kopieren
- Spielfigur für jeden Schüler und einen Würfel pro Gruppe mitbringen
- Spielanleitung für jede Gruppe

Sozialform: Gruppenarbeit

Arbeitsauftrag:
Alle Spieler stellen ihre Spielfigur auf Start. Der älteste Schüler darf beginnen.
Es wird im Uhrzeigersinn gewürfelt, kommt man auf ein eckiges Feld muss man einen Satz zu dem Raum bilden, in dem man gerade steht. Ist der Satz richtig, darf man ein Feld nach vorne rücken. Ist er falsch, muss man ein Feld zurück.
Kommt man auf ein Sternchen, muss man einen entsprechend schwierigeren Satz bilden. Wird dieser richtig genannt, darf man zwei Felder vor oder muss, bei einer falschen Benennung zwei Felder zurück.

Niveau 1)
auf einem eckigen Feld wird der Satz nach folgendem Muster gebildet: „I can see…"
Auf einem Sternchen muss man einen Raum benennen und zusätzlich vier Dinge, die irgendwo im Haus sind. Satzmuster bei dem Raum ist: „This room is the…", die Dinge werden nach dem Muster „In the house there are a …, a…, a… and a …" aufgeführt.

Niveau 2)
auf einem eckigen Feld wird der Satz nach dem folgenden Muster gebildet:
„I'm in the ….. (room) and here is a/the …(item aus dem Raum)"
Auf einem Sternchen muss man zwei Räume aus dem Haus benennen und zusätzlich jeweils zwei Dinge aus den Räumen, die man benannt hat.
„This room is the …, here is a … and here is a … "

Niveau 1)

Rules

1. Put your at "START".
2. The oldest player starts.
3. Throw the dice.
4. Go.
5. ◇ = Look at your room.
   Name 1 thing in the room: „I can see a …"

   ! If the sentence is OK
   you can move one step.
   ! If the sentence is not OK
   you must go back one step.

   ☆ = Look in the house.
   Name 1 room: „This room is the …"
   Name 4 things in the house: „In the house there are a …, a …, a … and a …"

   ! If the sentence is OK
   you can move two steps forward.
   ! If the sentence is not OK
   you must go back two steps.

Niveau 2)

Rules

1. Put your at "START".
2. The oldest player starts.
3. Throw the dice.
4. Go.
5. ◇ = Look in your room.

   Name the room and 1 thing in the room.

   „I'm in the … (room) and here is a/the … (thing)"

   ! If the sentence is OK you can move one step.

   ! If the sentence is not OK you must go back one step.

   ☆ = Look in the house.

   Name 2 rooms and 2 things:

   „Here is the … (room) and here are a … and a …"

   „Here is the … (room) and here are a … and a …"

   ! If the sentence is OK you can move two steps forward.

   ! If the sentence is not OK you must go back two steps.

Spielplan:

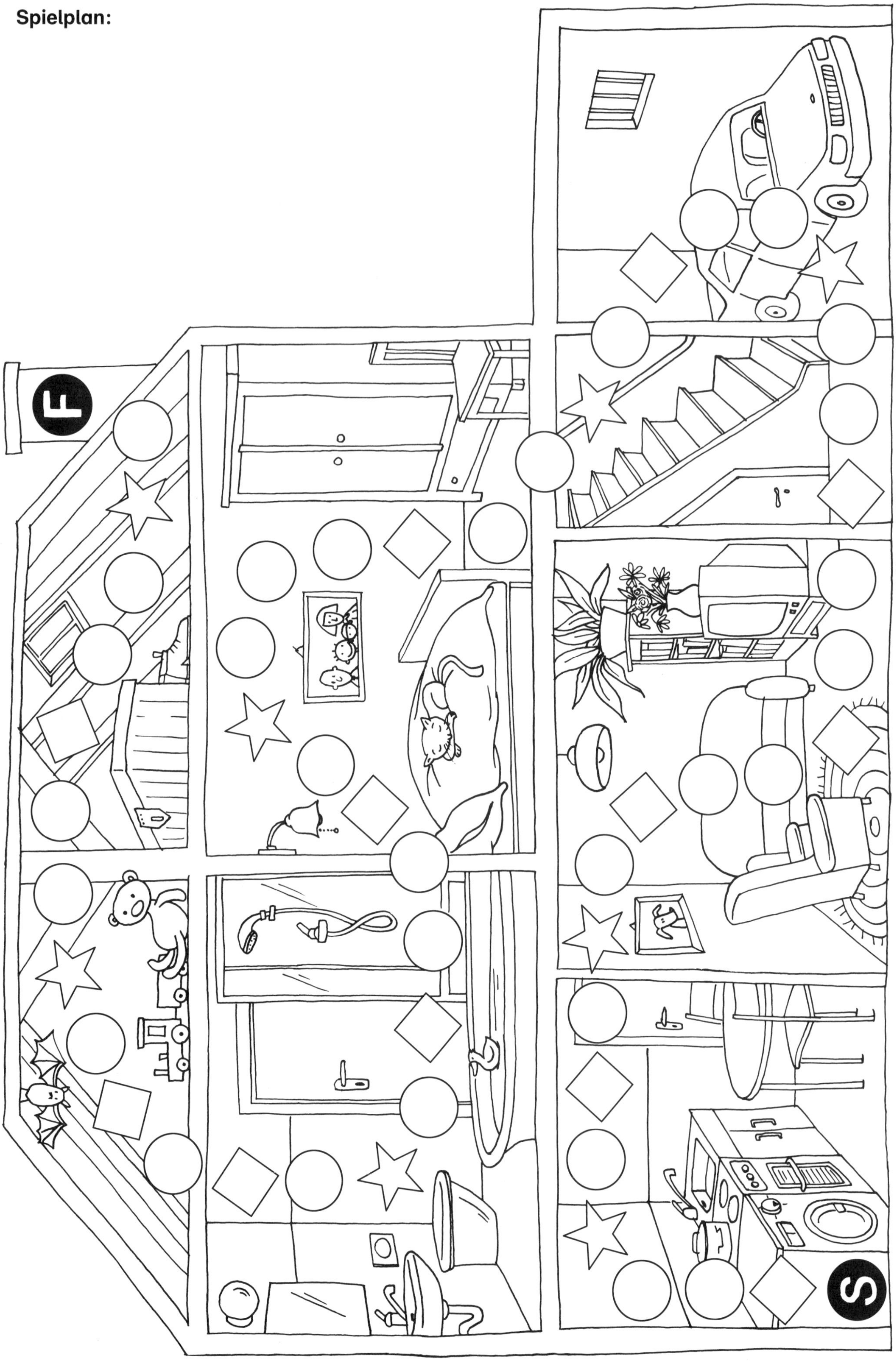

IV. Bildbeschreibungen – At School

Überprüfte Kompetenz:
- Rezeptive Strategie Hören (Bedeutung von Sätzen der Mitschüler erfassen, Schlüsselwörter erkennen)
- mündliche Interaktion (ein kurzes Gespräch in Gang halten, formelhafte Rückfragen/Anfragen stellen)
- lexikalische Kompetenz (Aktivierung eines elementaren Grundstocks von Vokabeln aus ihrem unmittelbaren Erfahrungsraum)

Sprachliche Voraussetzung:
- Wortfeld „Schule“
- Zahlen bis 20
- Wendung “I can see…”, „I have…”, “Yes, I can see it”,
- “No, I can see…”

Vorbereitung durch Lehrperson:
- pro Gruppe eine Kopiervorlage
- pro Gruppe einen Stapel von 9 Lupen-Kärtchen
- Satzstreifen für die Tafel mit den eingeforderten Satzteilen (je nach Niveau a oder b)

Sozialform: Partnerarbeit

Arbeitsauftrag:
Die Schüler knicken die Kopiervorlage und stellen sie zwischen sich auf den Tisch. Die Kärtchen mit den Lupen werden verdeckt auf einem Stapel auf den Tisch gelegt.

Niveau 1)
Ein Schüler beginnt nun eine Sache zu beschreiben („I can see… “/„I have …“), die er auf seiner Abbildung sieht.
Die Antwort des anderen Schülers lautet „Yes, I can see it“, wenn es dort genauso ist, wenn nicht, nennt er den Unterschied durch eine Verneinung und einen erneuten Satz „No, I can see…“.
Wird ein Unterschied entdeckt, dürfen die Kinder eine Lupe aufdecken.
Ziel ist es, alle Unterschiede zwischen den Bildern zu finden.

Niveau 2)
Die Vorgehensweise ist hier genauso wie bei Niveau 1).
Die Fragen und Beschreibungen fallen nun etwas komplexer aus. Hier wird die Fragestellung mit „to do“ eingefordert.
“I have … . Do you have the same?
“Yes, I do./No I don’t.“

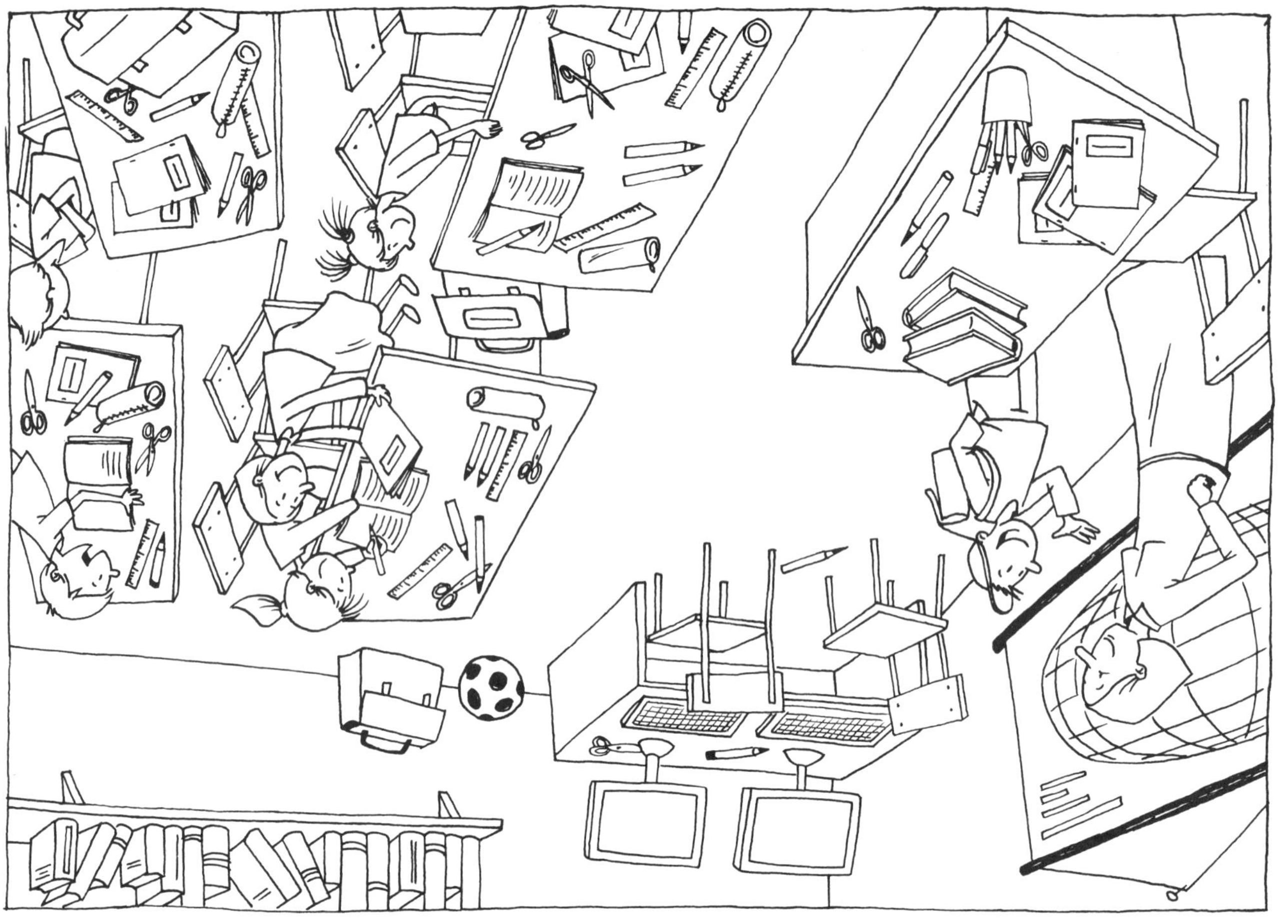

V. Bildbeschreibung „Tim's day" – Entwickeln eines Bildes

Überprüfte Kompetenz:
- rezeptive Kompetenz Hören (Äußerungen verstehen und darauf reagieren, Schlüsselwörter erkennen und daraus den Text erfassen)
- mündliche Interaktion (einfache Feststellungen mittels sprachlichen Vorlagen treffen)
- pragmatische Kompetenz (bekannte Äußerungen durch Neukombinationen sprachlicher Mittel umformulieren und damit neue Sätze schaffen)
- lexikalische Kompetenz (Wortfelder benennen)

Sprachliche Voraussetzung:
- Uhrzeit
- Wortfeld „Hobbies" (play football, play the guitar, play the piano, ride a bike, roller skating, play basketball, ride a horse, read a book, watch TV, go shopping, ski, go swimming, play computer games, ice-skate, play ice-hockey)
- Wendung „At … o'clock Tim is …"

Vorbereitung durch Lehrperson:
- eine Kopie des Tagesablaufs pro Gruppe
- 1 Set Kärtchen über Aktivitäten pro Gruppe (je nach Niveau)
- Satzstreifen für Tafel „At … (o'clock) Tim is …"

Sozialform: Partnerarbeit

Arbeitsauftrag:
Schüler bekommen Arbeitsblatt, das das Raster eines Tagesablaufes zeigt. Dazu gibt es einzelne Kärtchen, die unterschiedliche Aktivitäten zeigen.
Ein Schüler „diktiert" dem anderen den Tagesablauf des Kindes auf dem Blatt. Der andere legt die Kärtchen auf die richtige Stelle.
Danach wird gewechselt und ein neuer Tagesablauf diktiert

Niveaustufe 1)
Hier werden lediglich die vollen Stunden thematisiert.
Die Schüler können die Aktivität auswählen, da mehr Kärtchen als Stunden da sind. Auf jedem Kärtchen ist die Aktivität mit Bild und Schrift gekennzeichnet.
Schüler formulieren den folgenden Satz: „At … o'clock Tim is …."

Niveaustufe 2)
Ganze/halbe und viertel Stunden werden eingefordert.
Die Schüler können nicht mehr wählen, sondern müssen alle Aktivitäten einordnen und benennen. Zusätzlich müssen alle Hobbys bei den Schülern präsent sein, da keine Wörter mehr unter den Kärtchen stehen.
Der Satz „At … Tim is …" steht als visualisierte Struktur an der Tafel.

Niveau 1)

Tim's Day

playing football	going shopping	playing the guitar
playing the piano	riding a bike	roller skating
playing basketball	riding a horse	skiing
reading a book	watching TV	going swimming
playing computer games	going ice-skating	playing ice-hockey

Hinweis:
Die Karten gelten
für beide Spielpläne

playing football	going shopping	playing the guitar
playing the piano	riding a bike	roller skating
playing basketball	riding a horse	skiing
reading a book	watching TV	going swimming
playing computer games	going ice-skating	playing ice-hockey

Niveau 2)

Tim's Day

VI. Vorstellen und Erkennen von Personen

Überprüfte Kompetenz:
- produktive Strategie Sprechen (z. B. Wortschatzlücken durch Umschreiben füllen, verschiedene vorhandene sprachliche Mittel kombinieren)
- pragmatische Kompetenz (etwas beschreiben)
- lexikalische Kompetenz (feststehende Muster verwenden um einen Gegenstand zu beschreiben)
- rezeptive Aktivität Hören (Detailinformationen entnehmen, Äußerungen von Mitschülern verstehen)

Sprachliche Voraussetzung:
Wortfelder „My body", „Kleidung", Größenangaben (big, small, long, short)

Vorbereitung durch Lehrperson:
Pro Gruppe auf dickes Papier kopieren und zurechtschneiden:
- Karten mit Personen
- Streifen mit den Personen (eventuell zunächst vergrößern)
- Satzstreifen bzw. Wortstreifen (je nach eingefordertem Niveau)

Sozialform: Partner- oder Dreierarbeit

Arbeitsauftrag:
Die Karten mit den Personen werden verdeckt auf den Tisch gelegt, der Streifen mit allen Personen liegt in der Mitte des Tisches.
Ein Schüler zieht eine Karte und beschreibt die Person, die auf der Karte zu sehen ist. Die anderen Schüler dürfen seine Karten nicht sehen und müssen die Person durch die vermittelten Informationen auf dem Streifen erkennen.

Niveau 1)
Neben den umgedrehten Karten liegen unterschiedliche Satzstreifen, die den Schülern als Hilfe dienen, um passende Sätze zu den Bildern zu formulieren.
Der Schüler, der die Person beschreibt, muss mindestens drei Sätze genannt haben, bevor die Person, die rechts neben ihm sitzt, raten darf. Rät das Kind die falsche Person, wird noch ein zusätzlicher Satz genannt, der als Hinweis dient. Kann das Kind dann die Informationen immer noch nicht richtig zuordnen, darf das dritte Kind einen Tipp abgeben.
Derjenige, der die Person erkennt, darf das Kärtchen behalten. Wer am Ende die meisten Kärtchen hat, hat gewonnen.

Niveau 2)
Das Spiel wird genau wie bei Niveau 1) gespielt. Statt der Satzstreifen werden hier jedoch nur noch einzelne Wörter als Kärtchen zum Spiel angeboten. Sie dienen der Anregung von Sätzen, komplette Sätze müssen aber selbst gebildet werden.

Variante:
Schüler malen zuvor die Personen an, dann kann die Farbe zusätzlich als Beschreibungsmerkmal dienen. Hier müssen die Schüler bereits alle Farben gelernt haben.

Satzstreifen (Niveau 1)

My person is a boy/girl.
My person has long/short hair.
My person wears a jacket.
My person has a small/big nose.
My person wears a pullover.
My person wears a dress.
My person wears a T-Shirt.
My person wears short/long trousers.
My person wears sandals.
My person has a bag.
My person wears sneakers.
My person wears a hat.
My person has glasses.
My person wears a skirt.

Satzstreifen (Niveau 2)

My person is …	My person has …
boy/girl	big/small nose
long/short hair	curly/straight hair
T-Shirt	trousers
skirt	glasses
bag	sandals
sneakers	hat
shirt	dress
pullover	

VII. Meine Freunde und ich – Interview und Präsentation

Überprüfte Kompetenz:
- Grammatische Kompetenz (Verwenden von W-Fragen; Possesivpronomen)
- pragmatische Kompetenz (etwas beschreiben)
- lexikalische Kompetenz (feststehende Muster verwenden, um jemanden zu beschreiben)
- rezeptive Aktivität Hören (Detailinformationen entnehmen, Äußerungen von Mitschülern verstehen)

Sprachliche Voraussetzung:
- Fragestellungen zur Person („What's your name? Where do you live? What's your telefone number? What are your hobbies? What's your favorite color? What's your favorite food?")
- Farben
- Hobbies (play football, play handball, sing a song, play the guitar, play the piano, ride a bike, ride a skateboard, do roller skating, play basketball, ride a horse, go snowboarding, read a book, watch TV, go shopping, ski, swim, play computer games, ice-skate, play ice-hockey)
- Zahlen bis 20
- Nahrungsmittel (cheese, sausage, ham, eggs, lettuce, tomato, potatoes, pasta, hamburger, ketchup, bananas, apples, pear, oranges, chocolate, juice, lemonade, milk, bread, toast)

Vorbereitung durch Lehrperson:
- Fragebogen für jeden Schüler kopieren
- Niveau a) Präsentationsblatt, Niveau b) Satzanfänge kopieren
- pro Gruppe je ein Set Kärtchen über Hobbys (vgl. Kopiervorlage V-Bildbeschreibung – Entwicklung) und eines über Nahrungsmittel

Sozialform: zunächst Partner-, dann Gruppenarbeit

Arbeitsauftrag:
Die Schüler erhalten einen Fragebogen mit dessen Hilfe sie über sich selbst Auskunft geben und andere befragen.
Danach stellen sich die Schüler in Kleingruppen gegenseitig vor.

Niveau 1)
Die Schüler sitzen in Gruppen (4–6 Schüler) zusammen an einem Tisch, in der Mitte liegen die Kärtchen mit Hobbys und Nahrungsmitteln. Jedem Bild ist das Schriftbild zugeordnet.
Die Schüler bilden Paare und befragen ihren Partner.
Schüler notieren die Antworten, übertragen diese auf ihr Präsentationsblatt und stellen danach den Partner der Gruppe vor.

Niveau 2)
Die Schüler sitzen in Gruppen (4–6 Schüler) zusammen an einem Tisch, in der Mitte liegen die Kärtchen mit Hobbys und Nahrungsmitteln. Jedem Bild ist das Schriftbild zugeordnet.
Die Schüler bilden Paare und befragen ihren Partner.
Die Schüler notieren die Antworten und stellen danach den Partner der Gruppe vor. Hilfestellung sind Satzstreifen auf dem Tisch, die nicht ausgefüllt werden, sondern nur als visualisierter Input dienen.

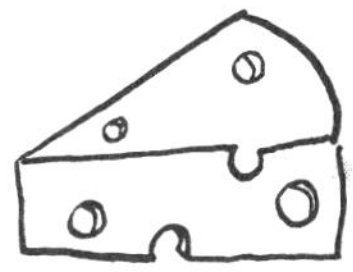 cheese	 sausage	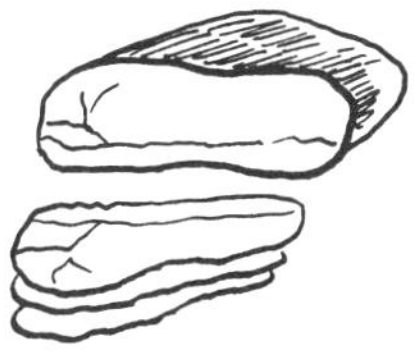 ham
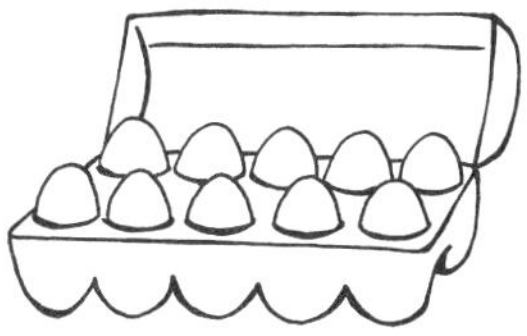 eggs	 lettuce	 tomato
 potatoes	 pasta	 hamburger
 ketchup	 bananas	 apples
 pear	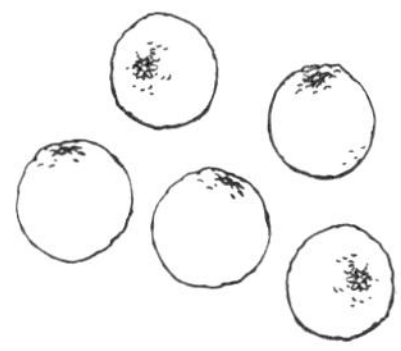 oranges	 chocolate
 juice	 lemonade	 milk
 bread	 toast	 pizza

Interview

1. Hello! What's your name?

   ____

2. Where do you live?

   ____

3. How old are you?

   ____

4. What's your telephone number?

   ____

5. What's your favorite color?

   ____

6. What's your favorite food?

   ____

7. What are your hobbies?

   ____

Presentation

This is ______________________________.

He /She lives in ______________________________.

He /She is ______________________________ years old.

His /Her telephone number is ______________________________.

His /Her favorite color is ______________________________.

His /Her favorite food is ______________________________.

His /Her hobbies are ______________, ______________,

and ______________.

This is ______________.

He /She  lives in ______________.

He /She  is ________ years old.

His /Her  telefone number is

______________________.

His /Her  favorite color is ________.

His /Her  favorite food is ________.

His /Her  hobbies are ____________,

____________ and ____________.#

2.2 Kompetenzüberprüfung in schriftlicher Form

Im Folgenden werden Aufgaben in unterschiedlichem Umfang vorgestellt.
Das nächste Kapitel umfasst Aufgaben, die Kompetenzen in je einem Bereich überprüfen. Im Gegensatz zum vorangegangenen Kapitel liegt der Schwerpunkt hier auf

- Hören (listening)
- Lesen (reading)
- grammatischer Kompetenz (grammar) und
- lexikalischer Kompetenz (words).

Daran anschließend befinden sich Aufgaben, die an Themenbereichen arbeiten und die Überprüfung mehrerer Kompetenzen ermöglichen.

Praktische Tipps zur Durchführung:

1. Wählen Sie **eine Kompetenz** bzw. ein **Themenfeld** aus, zu dem Sie nähere Einblicke wünschen.
2. Kontrollieren Sie ob, alle im Test **eingeforderten Wörter vorab vermittelt** wurden.
3. Berücksichtigen Sie die **Schwerpunkte der Überprüfung** und legen Sie vorab – je nach Vorgabe Ihres Bildungsplanes – eventuell eine zu erreichende **Punktzahl** fest.
4. Legen Sie **für jedes Kind einen Beobachtungsbogen** an, der weitergeführt werden kann (vgl. S. 15ff.).

2.2.1. Kurze Überprüfung einzelner Kompetenzen

Die folgenden Aufgaben wurden nach unterschiedlichen Themenbereichen und Kompetenzfeldern gestaltet, die sich schriftlich überprüfen lassen.
Die **grammatischen und lexikalischen Überprüfungen** können zur Gesamt-Notenfindung je nach Schwerpunktsetzung innerhalb der konkreten Situation zu **Lesen, Hören oder Schreiben** gezählt werden. Sie sind hier gesondert ausgewiesen, um Möglichkeiten aufzuzeigen, wie individuell an den Kompetenzfeldern gearbeitet werden kann.

Die vorgestellten Aufgaben sind von unterschiedlichem Schwierigkeitsgrad. Dieser ist folgendermaßen gekennzeichnet:

(1.) Aufgaben auf diesem Niveau basieren auf einer reinen Zuordnung des dargebotenen Textes zu Bildern mit sehr übersichtlichem Sprachmaterial, das in klar strukturierte einfache Sätze gegliedert ist.

(2.) Aufgaben dieses Typs sind umfangreicher als die des leichten Niveaus. Sie arbeiten immer noch mit einem sehr strukturierten Satzgefüge. Die Schüler müssen hier jedoch Informationen zueinander in Beziehung setzen können.

(3.) Diese Aufgaben sind auf der höchsten Schwierigkeitsstufe angesiedelt. Sie bestehen aus einem vergleichsweise komplexen Satzgefüge und umfassen mehr Wortschatz als die anderen Aufgabentypen. Von den Schülern wird hier eine differenzierte Aufnahme des dargebotenen Textes eingefordert.

Aufgabe	Seite	Themenfeld	Kompetenzbereich	zugrunde liegende Kompetenz
Numbers	66	• Zahlen bis 20 und Zehnerzahlen bis 100 (Aufgcbe 1) • Zahlen bis 100	**Hören**	• Erkennen von gesprochenen Wörtern und ihrem geschriebenen Pendant.
Weather	67	• Wetter *(sunny, windy, rainy, snowy, cloudy)*		• Verstehen der Hauptaussage und rezeptives Reagieren darauf (hier: Malen) • Erkennen von Schlüsselwörtern in einem Hörtext.
In a shop	68	• Lebensmittel *(apples, tomatoes, lettuce, lemonade, cat food, bread, milk, cornflakes, tea, pizza, ice cream)*		• Rezeptives Erkennen von Detailinformationen (Schlüsselwörter) eines Hörtexts.
Jobs	69	• Berufe *(teacher, police woman, shop assistant, firefighter, doctor, vet, hairdresser, football player)* • rezeptives Wissen: Schlüsselwörter zu Berufen *(children, school, learn, works, thieves, fire, outside, inside, medicine, sick, healthy, help, hair, sporty, ball)*		• Erkennen von Detailinformationen, nach Klärung des situativen Kontexts und Verknüpfung dieses Wissens mit englischen Bezeichnungen.
In the city	70	• Gebäude *(church, supermarket, post office, school, bakery, butcher's, toy shop, zoo, doctor's, airport)* • Verkehrsmittel *(bus, subway, bike, taxi, car, ferry, skateboard)*		• Erkennen von Schlüsselwörtern im Textzusammenhang und ihre Zuordnung zum passenden Schriftbild.
Fruits	71	• Obst *(bananas, apples, pears, oranges, grapes, pineapple, kiwi, lemon, strawberry)* • Farben *(brown, black, yellow, orange, pink, purple, red, [light/dark] blue, [light/dark] green, white)*	**Lesen**	• Auffinden von Detailinformationen in sehr klar strukturierten Sätzen. • Korrektes Abschreiben einzelner einfacher Wörter.
Monsters	72	• Farben *(yellow, orange, red, green, brown)* • Körperteile *(eye, ear, nose, teeth, head, mouth, hair, legs, arms, feet)*		• Auffinden von Detailinformationen in sehr klar strukturierten längeren Sätzen.
Breakfast	73	• Nahrungsmittel *(toast, butter, jam, orange juice, cereals, banana, apple, yoghurt, black tea, coffee, milk, rolls, cheese, fruit salad, water, lemon)*		• Detailinformationen in längeren Sätzen mit bildlicher Unterstützung erkennen. • Verstehen von klar gegliederten Sätzen.
Rooms	74	• Wortfeld Zimmer *(bed, TV, window, flower, poster, table)* • Schulsachen *(exercice book)* • Spielsachen *(jumping rope, CD-player, games, ball)* • Tiere *(cat, dog)* • *sandwich*		• Kurze einfache Mitteilungen verstehen.
At the doctor's	75	• Wortfeld Krankheiten *(ill, medicine, cold, fever, hot, sick, hurt, headache, neckache, earache, backache)*		• In Zusammenhangsetzen von kurzen Mitteilungen und bildgestütztem Input.
An Interview	76	• Familie, eigene Vorlieben *(name, old, years, playing, sister, brother, animal, cat, color, orange, drink, lemonade)*		• Erkennen eines Textverlaufes anhand bekannter Wendungen und kurzer Sätze.

Aufgabe	Seite	Themenfeld	Kompetenzbereich	zugrunde liegende Kompetenz
Prepositions	77	• Präpositionen *(in, on, under, in front of, next to, behind)* • Tiere *(cat, bird, dog, fish, guinea pig, turtle, rabbit, hamster)* • Einrichtungsgegenstände (*sofa, table, chair, TV)*	**Grammatik**	• Erkennen von Detailinformationen in sehr klar strukturierten kurzen Sätzen. • Verwenden von einfachen Präpositionen.
In the toy shop	78	• Spielzeug *(teddy bear, roller skates, helicopter, racing car, computer game)* • Begrüßen / Verabschieden *(Good morning, here you are, thank you very much)*		• Erkennen eines Textverlaufes anhand bekannter Wendungen und kurzer Texte. • Verstehen von W-Fragen, die in formelhafter Weise benutzt werden.
Lunch	79	• Nahrungsmittel *(rice, soup, sandwich, pizza, pasta, eggs, salad, cheeseburger, hamburger, chicken, fries, sausages, orange juice, water, apple juice, milk, tea)*		• Verbinden von Wörtern und Wortphrasen. • Bildung von einfachen Sätzen, um Aussagen in der Gegenwart zu machen.
School items	80	• Schulsachen *(exercice book, rubber, folder, ruler, glue, book, pencil, pencil case, sharpener, scissors, schoolbag)*	**Lexik**	• Präsenz eines elementaren Vorrats an Wörtern aus dem unmittelbaren Erfahrungsraum.
Animals	80	• Zootiere *(penguin, hippo, lion, monkey, rhino, bear, tiger, elephant, snake, giraffe)* • Haustiere *(hamster, mouse, dog, rabbit, turtle, parrot, cat, fish, bird, guinea pig)*		• Präsenz von übersichtlichen Wortfeldern zu Themenfeldern aus dem Erfahrungsraum der Schüler.
Around the year	81	• Wetterverhältnisse *(wind, sun, ice, rain, snow, cold, hot)* • Monate/ Jahreszeiten *(summer, winter, spring, autumn, January, February, March, April, May, June, July, August, September, October, November, December)* • Kleidungsstücke*(T-Shirt, jacket, wolly hat, shorts)* • Ereignisse im Jahresverlauf *(fireworks, Thanksgiving, Christmas, Halloween, Easter)* • Jahreszeitenspezifische Wörter *(fruit, swimsuit, hedgehog, beach, snowman, bug, flowers, skiing, pumpkin)*		• Erstellen von Wortschatzlisten zu bekannten Themen • Fehlerfreies Abschreiben einfacher bekannter Wörter.
In the park	82	• Pflanzen *(trees, grass)* • Tiere *(duck, horse, cat, dog, bird)* • Freizeitaktivitäten *(play football, sun bath, read, picknick, play badminton, eat ice cream, playground, sand, slide, swim, walk, sit on a bench, row, ride a bike)* • Familien *(mother, father, sister, brother, boy, girl)*		• Markieren von Bildern, deren englische Bezeichnung bekannt ist. • Erzählen und Benennen in kurzer sehr einfacher Weise.

I. Hören

Bei den Aufgaben des Kompetenzbereiches Hören ist es erforderlich, dass Sie als Lehrkraft die jeweiligen Texte zur Aufgabe vorlesen. Je nach Leistungsstand der Kinder und Schwierigkeitsgrad der Aufgabe können Sie so gezielt das Tempo variieren oder Wiederholungen vornehmen.

Numbers (S. 66):

Aufgabe A entspricht der mittleren Niveaustufe. Hier werden die Zahlen 1–20 und die Zehnerzahlen bis 100 vorausgesetzt.
Bei Aufgabe B müssen alle Zahlen bis 100 beherrscht werden. Sie entspricht der höchsten Schwierigkeitsstufe.
Diktieren Sie bei der oberen Aufgabe (**Aufgabe A**) die folgenden Zahlen:

one/thirteen/seventy/eleven/five/onehundred/fourteen/twenty/eight/sixteen/ten/eighteen/four/three/sixty/seventeen/fifteen/thirty/nine/twelve/seven/nineteen/one

Diktieren Sie bei der unteren Aufgabe (**Aufgabe B**) die folgenden Zahlen:

five/twentytwo/nine/fiftysix/eighteen/two/eleven/thirtyone/ninetynine/sixtyfive/twelve/onehundred/fourteen/one/fourtyeight/seventythree/ten/twenty/eightytwo/seventyseven/four/fifteen/five

Weather (S. 67):

Aufgabe 1 umfasst einen sehr begrenzten sprachlichen Input und ist damit auf einem geringeren Schwierigkeitsniveau angesiedelt als die zweite Aufgabe.
Diktieren Sie für **Aufgabe 1** den folgenden Text:

1. When Jane looks out of the window, she can see that it is sunny today.
2. When Charles looks out of the window, he can see that it is windy and rainy.
3. When Jack looks out of the window, he can see that it is cloudy and snowy.
4. When Katherine looks out of the window, she can see that it is sunny and cloudy.

Diktieren Sie für **Aufgabe 2** den folgenden Text:

1. When Harry looks out of his window on Monday, the sun is shining. “Great”, he thinks “it’s sunny.”
2. On Tuesday Harry goes out. “What’s that?” he thinks. “Oh no, today it’s rainy. I don’t like that.”
3. On Wednesday Harry wakes up and the sun isn’t shining again. The sky is very cloudy today.
4. On Thursday Harry is very surprised. “Come out”, his friends call him. “It’s snowy. Let’s make a snowman.”
5. On Friday all snow is gone. There’s a strong wind. “What a windy weather”, Harry says.
6. On Saturday the weather is changing again. Now it is sunny and a little bit cloudy, too.
7. When Harry looks out of the window on Sunday he knows that it is cold. It’s rainy and very windy. ”I don’t like this”, he says. “Today I’ll stay at home!”.

In a shop (S. 68):

Diese Aufgabe ist auf dem mittleren Schwierigkeitsniveau angesiedelt. Die Schüler müssen hier mehrere Detailinformationen aus dem Text entnehmen und diese im Bild markieren.
Diktieren Sie den Schülern den folgenden Text:

Today Lizzy goes to the supermarket. She has lots of things on her shopping list.
First she puts some apples into her shopping cart, then some tomatoes and a lettuce, and two bottles of lemonade. What else is on the list?
Oh, she needs some cat food. Then bread, milk and cornflakes for breakfast.
Her Mum wants some tea and her Dad asked for pizza.
Is that all? No! Lizzy finds something for herself: a big package of ice-cream.
Now she has to pay – and can go home again.

Jobs (S. 69):

Die erste Aufgabe befindet sich auf einem einfachen Niveau. Der zu hörende Text wird durch Bilder unterstützt. Die zweite Aufgabe befindet sich auf der höchsten Schwierigkeitsstufe. Hier muss von einem Text auf den passenden Beruf geschlossen werden.
Lesen Sie für **Aufgabe 1** die folgenden Dialoge vor. Die Kinder müssen hören, welcher Dialog welchem Bild entspricht und darunter dann den Namen und den Beruf der entsprechenden Person notieren.

"Good morning Ms Brown. Our dog Benno is ill. Do you have some medicine?"
"Of course, I do. Take these pills."

"Good morning Ms Ross."
"Good morning boys and girls. Please take out your pencil cases and look here!"

"Good afternoon Mr Marshall. Do you have some apples?"
"Good afternoon. Of course I have some apples. These are 3 Dollars a kilo."
"Ok, then I'll have one kilo please."

"Help! Mr Jump, help! Here is a fire!"
"No problem. Put the water hose right here. We can help you."

Lesen Sie für **Aufgabe 2** den folgenden Text:

Gwen works in a house. She works with children. She helps children to learn how to read and write. What is her job?

Billy works inside and outside. He helps when people are in danger. He takes thieves to prison and he takes care of the traffic in town. What is his job?

Toby works in a shop. He sells fruits, vegetables, drinks, food and clothes. What is his job?

John works outside. He helps when there is a fire or when there are other bigger problems. What is his job?

People who are ill go to James. He helps them. He gives them medicine to get healthy again. What is his job?

People with sick animals go to Elizabeth. She helps them. She gives them medicine for the animals to make them healthy again. What is her job?

Lilly likes hair. She washes it and cuts it. Sometimes she puts color on it and dries it. What is her job?

Henry is very sporty. He likes to play with a ball and he likes to run. What is his job?

In the city (S. 70):

Hier liegt die erste Aufgabe ebenfalls auf dem geringsten Schwierigkeitsniveau. Die Schüler müssen aus klar strukturierten einfachen Sätzen Informationen entnehmen und Bildern zuordnen. Die zweite Aufgabe umfasst einen größeren sprachlichen Input. Sie liegt deshalb auf dem mittleren Schwierigkeitsniveau.

Lesen Sie für **Aufgabe 1** den folgenden Text vor:

Mr. Johnson is at the church.
Jack is at the butcher's shop.
Ms Hill is at school.
Anne is at the toy shop.
Kelly is at the supermarket.
David is at the post office.

Bitten Sie die Kinder bei **Aufgabe 2** für jede Person einen anderen Farbstift zu benutzen. Dies erleichtert später die Übersicht beim Vergleichen und Korrigieren.
Diktieren Sie nun folgenden Text:

Sam goes to the post office by subway.
Brian goes to the supermarket. He takes the bus.
Kate goes to church by bike.
David gets to school by bike.
Paul goes to the bakery. He takes the subway.
Brad goes to the airport. He takes a taxi.
Charles drives to the doctor's by car.
Emily goes to the butcher's. She rides her skateboard.

II. Lesen

Die Aufgaben, durch die die Lesekompetenz überprüft werden kann, sind ebenfalls auf unterschiedlichen Schwierigkeitsniveaus angesiedelt. Einfachere Aufgaben lassen die Kinder rezeptiv mit den kurzen erlesenen Informationen umgehen. Komplexere Aufgaben erfordern Detailwissen, das eigene Sprachproduktionen nach sich ziehen kann.

III. Grammatische Kompetenz

Die grammatische Kompetenz ist, wenn sie in schriftlicher Weise überprüft wird, eng mit der Lesekompetenz der Schüler verknüpft.
Das hierbei vorliegende Abstraktionsniveau geht jedoch deutlich über das der Lesekompetenz hinaus.

IV. Lexikalische Kompetenz

Der Bereich der Lexik umfasst das Wissen über Wortfelder, Satzformeln und feststehende Muster, die es den Kindern erlauben, nach bestimmten Dingen zu fragen bzw. bestimmte Dinge festzustellen. Er ist eng mit dem Weltwissen verknüpft, auf das die Schüler zurückgreifen müssen, um bestimmte Ordnungsprinzipien und Wissenszusammenhänge zu bilden.
Nachdem bereits verschiedene Aufgaben zur Anwendung von Fragen vorgestellt wurden, stehen hier Aufgabentypen im Vordergrund, die ganze Wortfelder überprüfen. Schriftliche Überprüfungen, die in der Grundschule Schreiben als Abschreiben oder Nachspuren umfassen, basieren auf dem **produktiv-rezeptiven Wissensbereich**.
Dieser wird durch die Aufgaben **School** (S. 80), **Animals** (S. 80) oder auch **Around the year** (S. 81) abgedeckt.
Der Bereich des **aktiven Wissens** wird bei eigenständigen Sprachproduktionen angesprochen, wie dies in der Aufgabe **In the park** (S. 82) vorliegt.

Name: Date: **listening**

(A) Numbers

1. Listen to your teacher.
2. Link the numbers that you hear.

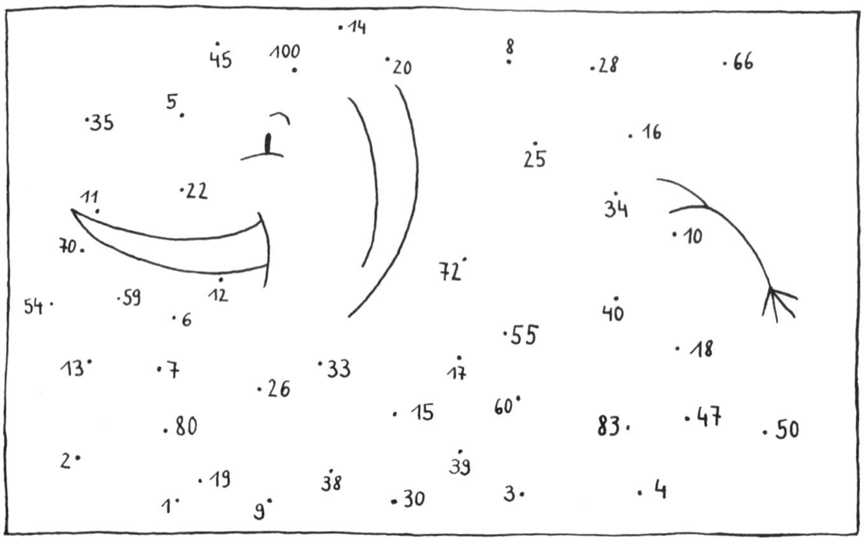

Name: Date: **listening**

(B) Numbers

1. Listen to your teacher.
2. Link the numbers that you hear.

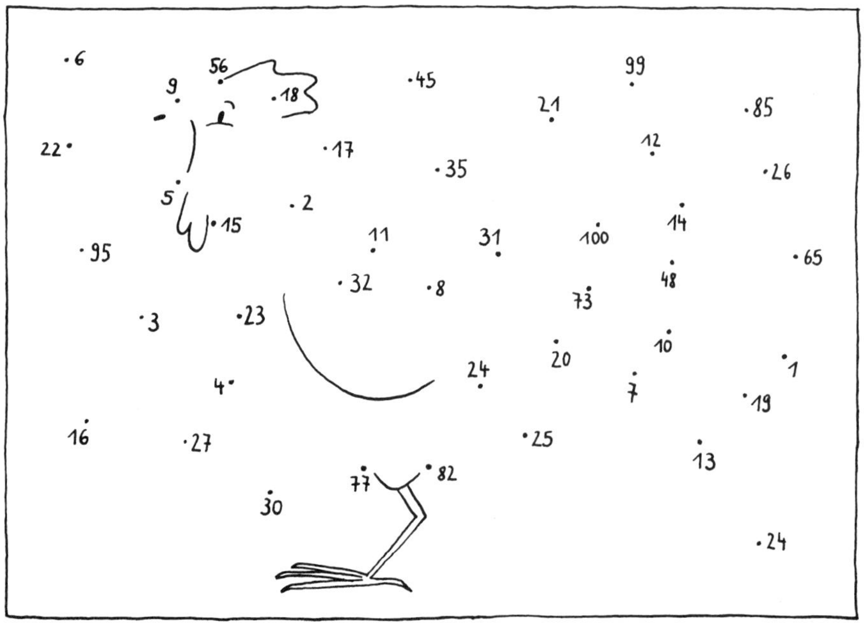

Name: Date: **listening**

Weather

1. **Listen to your teacher.**

Draw the right weather.

2. **Listen to your teacher.**

Circle the right weather.

Day	Weather				
Monday					
Tuesday					
Wednesday					
Thursday					
Friday					
Saturday					
Sunday					

Name: Date: **listening**

In a shop

1. Listen to your teacher.
2. Tick all the things that Lizzy buys.

Britta Klopsch: Kompetenztests für den Englischunterricht

Name: Date: **listening**

Jobs

1. **Listen to your teacher.**

Fill in the names and the jobs of the people.

vet | **fire-fighter** | **teacher** | **shop assistant**

name:	name:	name:	name:
job:	job:	job:	job:

Ms Brown | **Ms Ross** | **Mr Jump** | **Mr Marshall**

2. **What job is it?**

Listen to your teacher and link the names to the jobs.

Gwen	football player 	James
	firefighter 	
Billy	police woman 	Elizabeth
	vet 	
Toby	doctor 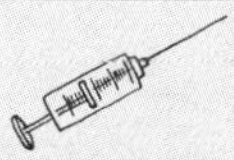	Lilly
	shop assistant 	
John	hair dresser 	Henry
	teacher 	

Name: Date: **listening**

In the city

1. **Listen to your teacher. Where are the people?**
Tick the right answer.

2. **Listen to your teacher. What do the children take?** **Draw lines.**

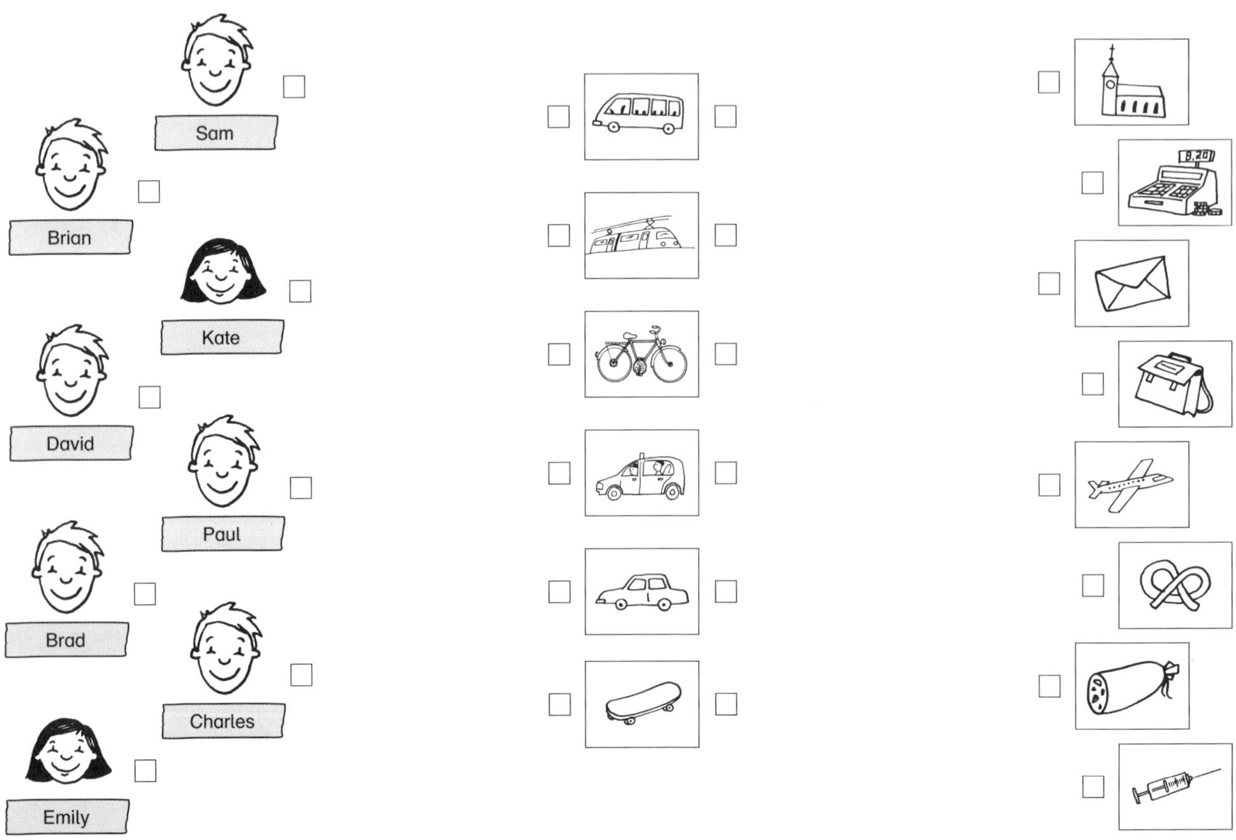

Name: Date: **reading**

Fruits

1. Which shopping bag is it?

Write down the right number.

In shopping bag 1 are oranges, apples, bananas and strawberries.
Shopping bag 2 is filled with pears, grapes, bananas and kiwis.
In shopping bag 3 are apples, grapes, oranges and a pineapple.
Shopping bag 4 is filled with lemons, strawberries, a pineapple and kiwis.

2. Find the words, seperate them with a | .

APPLESBANANASPEARSORANGESPINEAPPLEKIWISGRAPES
LEMONSTRAWBERRY

Fill in the words:

a) The  likes ____________________ 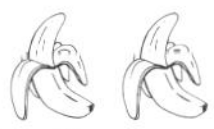.
b) The  eats ____________________ .
c) On this  are ____________________ .
d) In winter the  sells ____________________ .
e) This  loves ____________________ .
f) A  ____________________ grows on a  .
g) You can carry  ____________________ in a .
h)  ______________ juice is sometimes in a .

3. What fruit is it? Fill in the right word.

a) The fruit is yellow. It is long. It is a ____________________.
b) The fruit is orange. It is round. It is a ____________________.
c) The fruit is red. It is small. It is a ____________________.
d) The fruit is yellow. It is small. It is a ____________________.
e) The fruit is green or blue. It is small. It is a ____________________ .
f) The fruit is brown on the outside. Inside it is green. It is a ____________________.
g) The fruit is brown on the outside. Inside it is yellow. It is a ____________________.

Name: Date: **reading**

Monsters

1. Color the monsters!

This monster has a dark blue eye. It has a light green nose and a dark green nose.
The ears are black and light blue.
The mouth is orange.
The teeth are brown.
It has yellow hair.

This moster has a dark green eye, a yellow eye and a white eye.
It has one red and one light green nose.
The ear is light blue.
It has an orange mouth and dark blue hair.

This monster has a red, a dark green and two yellow legs. It has long brown hair.
It has a pink head.
It has a black eye and a dark blue eye.
The arms are orange, light green and red.
The nose is purple.

This monster has a brown leg and a light blue foot.
It has one yellow and one light green head.
It has blue hair and red hair.
The arms are dark blue, orange, dark green and black.

2. Read the text. Draw the monsters.

This monster has one head and long hair.
It has one nose, three eyes and four ears.
It has two arms and three legs.

This monster has two heads. One has long hair and one has short hair.
It has one arm and four legs.

This monster has one head.
It has two noses, three eyes and one mouth.
The hair is short.
It has two legs and six arms.

Name: Date: **reading**

Breakfast

1. What do they eat and drink?

This is ☐ Peter's / ☐ Jill's / ☐ John's breakfast.

This is ☐ Peter's / ☐ Jill's / ☐ John's breakfast.

This is ☐ Peter's / ☐ Jill's / ☐ John's breakfast.

2. Whose breakfast is it?

Tina: "I love to drink a cup of tea and orange juice. Normally I eat a roll with jam and a banana."

Tom: "I drink a cup of coffee and a glass of milk every morning. I like to eat some cereals with apples and yoghurt."

Rachel: "I love to eat cereals with milk and toast with jam. Normally I drink a cup of tea with lemon juice."

☐ Tina's
☐ Tom's
☐ Rachel's

☐ Tina's
☐ Tom's
☐ Rachel's

☐ Tina's
☐ Tom's
☐ Rachel's

Name: Date: **reading**

Rooms

1. Look at the rooms.

2. Right or wrong?

Circle the right answer.

	Yes	No
Sally has a cat.	Y	Z
Jim has a big box.	O	R
Sally has a computer in her room.	U	O
Jim has a jumping rope in his room.	P	D
Jim has a CD player in his room.	I	E
Sally has a sandwich in her room.	W	D
Sally has three windows.	T	A
Jim has a teddy bear.	G	B
Jim has a ball and roller skates	R	I
Jim has a poster with a rock star.	S	E
Sally has a flower in her room.	A	F
Sally has a TV in her room.	C	T
Jim has a bed in his room.	V	J
Jim has lots of books.	O	B
Sally has a chair and a school bag.	B	L

Fill in the right letters:

___ ___ ___ ___ ___ ___ ___ ___ ___ ___ ___ ___ ___ ___ ___
1 2 3 4 5 6 7 8 9 10 11 12 13 14 15

Name: Date: **reading**

At the doctor's

A What's the problem?

1. Mary has a ☐ backache.
   ☐ hurt leg.
   ☐ hurt arm.

2. Joe feels ☐ sick.
   ☐ cold.
   ☐ hot.

3. Ms Coleman ☐ has a backache.
   ☐ needs medicine.
   ☐ has a fever.

4. Sam has a ☐ neckache.
   ☐ backache.
   ☐ earache.

5. Mr. Black has ☐ hurt his leg.
   ☐ a neckache.
   ☐ hurt his arm.

6. Ms Brown feels ☐ sick.
   ☐ cold.
   ☐ hot.

B Who is it?

Name: Date: **reading**

An Interview

1. **Read the Interview.**
2. **Cut out the speech bubbles.**
3. **Glue the bubbles on the right place.**

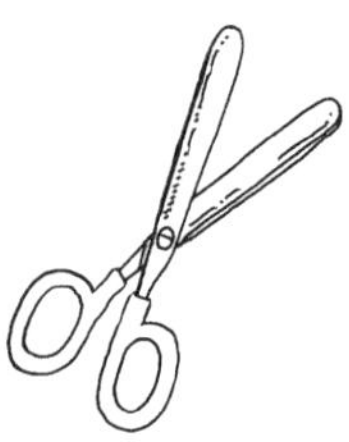

I live in Berlin.

I have one sister.

My favorite hobby is swimming.

My favorite color is blue.

Hello! My name is Jenny.

My favorite animal is a cat.

I like to drink lemonade.

You're welcome! Good bye!

I'm ten years old.

Name: Date: **grammar**

Prepositions

Look at the picture.

1. **Answer the questions with** Yes, it is **or** No, it isn't.

Is the cat **under** the sofa? ______

Is the dog **on** the cupboard? ______

Is the fish **in** the glass? ______

Is the bird **next to** the glass? ______

Is the bird **next to** the hamster? ______

Is the cat **on** the sofa? ______

Is the rabbit **behind** the sofa? ______

Is the hamster **in front of** the cupboard? ______

2. **Fill in** in, on, under, behind, in front of or next to.

The bird is ______ the fish.

The cat is ______ the sofa.

The fish is ______ the glass. The glass is ______ the sofa.

The hamster is ______ the rabbit.

The rabbit is ______ the hamster.

The rabbit is ______ the cupboard.

The dog is ______ the sofa.

The hamster is ______ the sofa.

Name: Date: **grammar**

In the toy shop

1. Read all the speech bubbles.

2. Number the speech bubbles in the right order.

No, sorry. I don't have skates. ◯

◯ Yes, please. It's my friend's birthday.

Good morning. Can I help you? ◯

◯ Do you have a helicopter?

A birthday... What about a teddy bear? ◯

◯ No teddy bear, please. Do you have roller skates?

Here you are! ◯

◯ No thanks, my friend has a racing car.

No car, then. What about a computer game? ◯

◯ A computer game is perfect.

No sorry, I don't have a helicopter. I have a racing car. ◯

◯ Thank you very much.

Name: Date: **grammar**

Lunch

eats
drinks

pizza
coffee
sandwich
hamburger
soup
juice

milk
rice
cup of tea
sandwich

1. What words are missing?

Fill in the words.

She eats a  sandwich.

He ________ a  ________.

She ________ a  ________.

He ________ an  ________.

She ________ some  ________.

He ________ a  ________.

2. Look at the pictures. Write sentences.

The words in the box can help you.

the girl the boy Holly Ms Brown	eats has likes loves	salad sandwich fries soup

3. Look at the pictures. Write sentences.

Name: Date: **words**

School things

1. **Write all words that belong to school in blue.**

exercice book rubber grass
spider dog folder ruler
flower book stone glue cat
pencil tree schoolbag scissors
pencil case worm sharpener

Name: Date: **words**

Animals

1. **Write all zoo animals in red, all pets in green.**

penguin hippo hamster lion
mouse dog monkey rabbit
turtle parrot bird rhino cat
bear tiger fish elephant
guinea pig snake giraffe

Name: Date: **word**

Around the year

1. Look at the words in the box. Use them to fill the wordweb.

Write the words.

hot **summer** T-Shirt jacket February fireworks December April March fruit sun swimsuit July Christmas hedgehog **winter** ice beach May swimming Thanksgiving

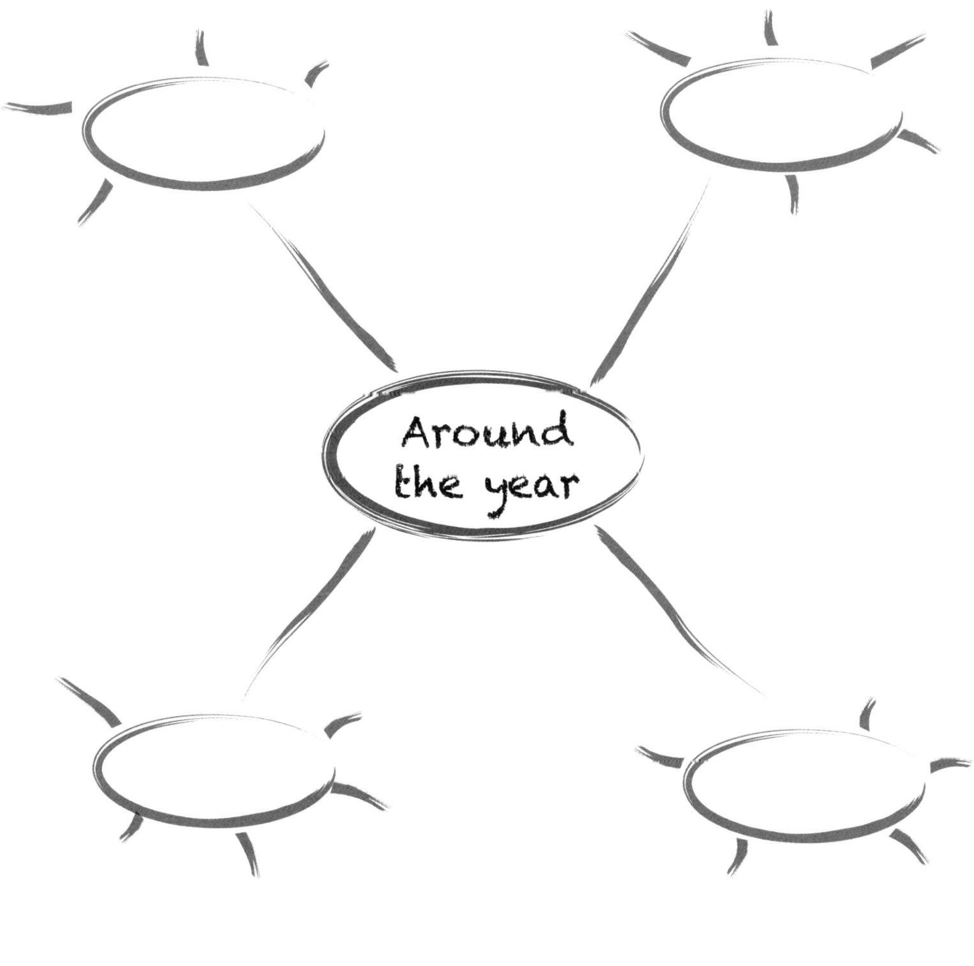

snowman June **autumn** wolly hat August bug rain snow flowers September November Easter skiing shorts wind October pumpkin **spring** cold hot

Name: Date: **words**

In the park

1. **Look at the picture.**
Circle the things that you can say in English.

2. **Tell your partner/the teacher about all the things that are circled:**

I can see … | There is … | There are …

2.2.2 Umfangreiche Kompetenztests nach einer Einheit

Die folgenden umfangreicheren Kompetenztests, die nach einer Einheit durchgeführt werden können, basieren auf unterschiedlichen Aufgabentypen, die sich auf jeden Inhaltsbereich anpassen lassen. Durch die schriftliche Überprüfungsweise werden hier neben Hören hauptsächlich pragmatische, lexikalische und grammatische Elemente der Bereiche Lesen und Schreiben abgedeckt.

Thema	Aufgabe	Kompetenzbereich	konkrete Kompetenz
clothes	1	Hören	● Detailinformationen in klar strukturierten Sätzen erkennen.
	2		● Gehörte Detailinformationen dem Schriftbild zuordnen.
	3	Lesen	● Verstehen von kurzen einfachen Mitteilungen.
	4		● Detailinformationen aus klar strukturierten Sätzen entnehmen.
	5		● Erlesene Informationen bildlich umsetzen.
	6		● Erlesene Informationen in Beziehung setzen.
	7	Schreiben	● Ergänzen einfacher Wörter zu einem bekannten Wortfeld.
animals	1	Hören	● Detailinformationen in klar strukturierten Sätzen erkennen
	2	Lesen	● Detailinformationen aus klar strukturierten Sätzen entnehmen und diese gestalterisch umsetzen.
	3	Schreiben	● Schreiben einfacher Wörter zu einem bekannten Wortfeld.
	4		● Schreiben einfacher Wörter/Sätze zu bekannten Themen.
	5		● Schreiben einzelner Wörter zu einem bekannten Wortfeld.
	6	Lesen	● Erkennen von Detailinformationen in einfachen Sätzen.
	7		● Satzmuster erkennen und zuordnen (Interview).
in the city	1	Hören	● Informationen erkennen und darauf Bezug nehmend reagieren.
	2	Lesen	● Zuordnen von Bildern und Wortbildern.
	3		● Informationen zueinander in Beziehung setzen und bekanntes Wortmaterial schreiben.
	4		● Zuordnen von Bildern und geschriebener Information.
	5		● Erlesen von Detailinformation in kleineren Sätzen.
	6	Schreiben	● Anhand feststehender Muster etwas beschreiben.
hobbies	1	Hören	● Erkennen von Detailinformationen in kleineren Sätzen.
	2	Lesen	● Erkennen von Detailinformationen in Sätzen.
	3		● Informationen zueinander in Beziehung setzen und darauf schriftlich reagieren.
	4		● Erkennen von Schriftbildern bekannter Wörtern.
	5	Schreiben	● Verschriftlichen einfacher Wörter zu einem bekannten Wortfeld.
toys	1	Hören	● Erkennen von Detailinformationen in sehr klar strukturierten Sätzen.
	2	Schreiben	● Schreiben einfacher Wörter zu einem bekannten Wortfeld.
	3		
	4	Lesen	● Zuordnen von erlesener Information und Bildern.
	5		● Erkennen von Detailinformationen in einfachen Sätzen.

Selbsteinschätzungsbogen

Nach jeder durchgeführten Kompetenzüberprüfung bietet es sich an, einen **Selbsteinschätzungsbogen** durch die Schüler ausfüllen zu lassen, der als Grundlage der Lerngespräche dienen kann. Die Selbsteinschätzung erfolgt auf Deutsch, da das für diese Aufgabenstellung erforderliche Abstraktionsniveau in der Fremdsprache noch nicht vorliegt.
Die folgenden Bögen, die auf die „Show what you know about…"-Überprüfungen abgestimmt sind, können leicht auf die individuelle Unterrichtssituation abgewandelt werden.

Name: ______________________ Date: ____________

Thema CLOTHES

Wenn mein Lehrer etwas vorliest, kann ich die passenden Dinge auf Bildern erkennen.

Ich kann kurze Texte zu passenden Bildern zuordnen.

Ich kann Dinge so anmalen, wie sie in einem Text beschrieben werden.

Ich kann erkennen, ob Sätze zu einem Bild passen oder nicht.

Ich kann englische Wörter richtig schreiben.

Name: ______________________________ Date: ______________

Thema ANIMALS

Wenn mein Lehrer etwas vorliest, kann ich die passenden Dinge auf Bildern erkennen.

Ich kann Wörter und Bilder einander zuordnen.

Ich kann Dinge so anmalen, wie sie in einem Text beschrieben werden.

Ich kann erkennen, ob Sätze zu einem Bild passen oder nicht.

Ich kann englische Wörter richtig schreiben.

Name: ______________________________ Date: ______________

Thema IN THE CITY

Wenn mein Lehrer etwas vorliest, kann ich die passenden Dinge auf Bildern erkennen.

Ich kann Wegbeschreibungen lesen und richtig einzeichnen.

Ich kann englische Wörter richtig schreiben.

Ich kann Wörter und Bilder einander zuordnen.

Name: ______________________ Date: __________

Thema HOBBIES

Wenn mein Lehrer etwas vorliest, kann ich die passenden Dinge auf Bildern erkennen.

Ich kann erkennen, ob Sätze zu einem Bild passen oder nicht.

Ich kann englische Wörter richtig schreiben.

Name: ______________________ Date: __________

Thema TOYS

Wenn mein Lehrer etwas vorliest, kann ich die passenden Dinge auf Bildern erkennen.

Ich kann kurze Texte zu passenden Bildern zuordnen.

Ich kann erkennen, ob Sätze zu einem Bild passen oder nicht.

Ich kann englische Wörter richtig schreiben.

Show what you know about CLOTHES (S. 89):

Weisen Sie darauf hin, dass für die Dinge, die Jerry und Catherine einpacken, jeweils eine andere Farbe zum Einkreisen gewählt werden muss. Lesen Sie für Aufgabe 1 den folgenden Text vor:

Jerry packs his suitcase. He puts in his sandals, his hat, a t-shirt, shorts, trousers and a pullover.

Catherine packs her suitcase. She puts in her shoes, a dress, a pullover, a blouse, a skirt, shorts and trousers.

Lesen Sie für Aufgabe 2 den folgenden Text vor:

Mrs Stone has seven skirts.
Paul has three trousers.
Grandma has a blouse.
Mr. Wilson has four t-shirts.

Show what you know about ANIMALS (S. 91):

Weisen Sie darauf hin, dass für die Tiere, die Sue und Jim gesehen haben, jeweils eine andere Farbe zum Einkreisen gewählt werden muss. Lesen Sie dann den folgenden Text vor:

Sue and her family go to the zoo. They can see lots of animals there. First they go to the parrots. Then Sue wants to see the lions and the tigers. Her sister wants to go to the snakes. After that they go to see some turtles together.
At the end of the day Sue and her family visit the hippos – and then they all go home.

Jim loves the zoo! So on Saturday he decides to go to the zoo. First he walks to the elephants. Then he wants to see the penguins. After that he walks to the bears.
Next to the bears he can see some guinea pigs.
Then he goes to the giraffes. His last stop: the rhinos. What a wonderful day!

Show what you know about THE CITY (S. 94):

Lesen Sie den folgenden Text vor:

Ms Big takes a taxi. First they go straight on, past the supermarket. Then the taxi turns left. At the church it turns right. Then the taxi goes straight on and turns left. Ms Big gets out of the taxi at the house on the right.

Mr Dull takes the bus. First it goes straight on past the butcher's. Then it turns right. Then the bus turns right again and soon after that it turns left. After that the bus turns right again and goes straight on. Then it turns left and goes straight on. The bus stops at the house on the right and Mr Dull gets off the bus.

Willy rides his bike today. First he rides straight on past the zoo. Then he turns right. After that Willy turns left and then he turns right again. At the next crossing he turns left and rides straight on. Willy stops at the house on his left.

Show what you know about HOBBIES (S. 96):

Lesen Sie den folgenden Text vor:

John does lots of different things during his holiday! First he goes skiing in the mountains. The next day he tries rowing in the river. In the afternoon he plays his favorite songs on the piano. After that he and his friends play ice-hockey together. Before John goes home again, he even tries playing golf, too.

Kate does lots of things during her family holiday! First she tries some fishing. Then she goes swimming in the lake. In the afternoon she plays her favorite songs on the guitar.
In the evening she plays basketball with her family and after that she plays table tennis with her brother.

Show what you know about TOYS (S. 98):

Lesen Sie den folgenden Text vor:

Sally has a teddy bear and building bricks.
Emma has a skipping rope and a train in her room.
Terry has a jigsaw puzzle and books in his room.
In Joe's room are a football and roller skates.
Anny has got a skateboard and dolls in her room.

Name: Date:

Show what you know about CLOTHES

1. Listen to your teacher.
Circle the things that belong to Jerry and Catherine.

2. Listen to your teacher. Circle the right words.

a) Mrs Stone has seven skirts/seven pullovers/seven shirts.
b) Paul has three dresses/three sandals/three trousers.
c) Grandma has a blouse/a wolly hat/a shirt.
d) Mr. Wilson has four hats/four t-shirts/four socks.

3. Read the sentences and color the things.

Andrea has a blue skirt and a yellow T-shirt.
Sookie has green trousers and an orange pullover.
Luke has a red hat and black shorts.
Tina has brown shoes and a purple dress.

4. Read the sentences and find the right picture.

a) Melissa wears a skirt, a hat and shoes.
b) Robert wears shorts, a t-shirt, sandals and a hat.
c) Mike wears a jacket, trousers and shoes.
d) Erin wears a t-shirt, shorts and sandals.

5. Read the text. Draw the things on the clothes line.

Mrs Dunns has different clothes on her clothes line. There are three blue socks and a white sock, a yellow pullover, two green trousers, two purple shorts, a pink skirt and an orange dress.

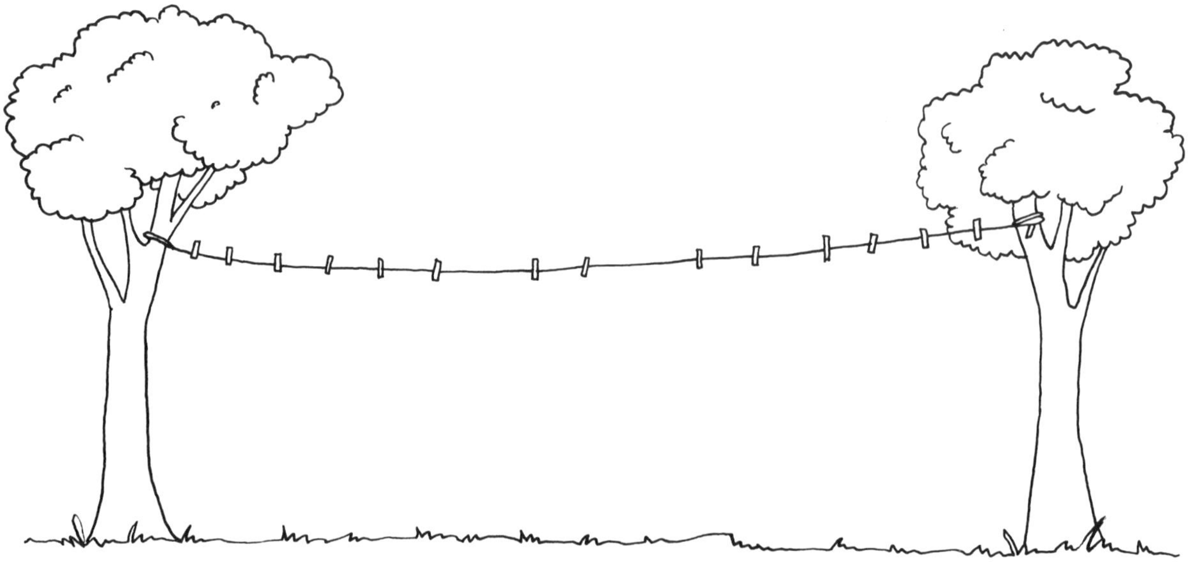

6. Read the words. Cross out the wrong words.

a) pullover – shoes – socks – sandals
b) dress – skirt – shorts – wolly hat
c) t-shirt – pullover – socks – blouse
d) trousers – shorts – skirt – shirt
e) dress – trousers – skirt – bag

7. What are the words? Fill in the missing letters.

Name: Date: **animals**

Show what you know about ANIMALS

1. A visit to the zoo.

Listen to your teacher and Circle the animals that Sue and Jim have seen.

2. Color the animals.

3. Crossword puzzle. Write down the names of the animals.

4. **What part of the animal is it and what animal is it?**

Fill in the right words.

paw, horn, neck, hoof, mouth, zebra, tiger, giraffe, rhino, mouse, lion, zebra

This is the ______________
of a ____________________.

This is the ______________
of a ____________________.

This is the ______________
of a ____________________.

This is the ______________
of a ____________________.

5. **Funny animals.** **Write down all the animals that are mixed into one.**

The zebrog
This animal is made of a ______________
and a ____________________.

The penguouse
This animal is made of a ______________
and a ____________________.

The birionger
This animal is made of a ______________,
a ______________ and a ______________.

The tinobit
This animal is made of a ______________,
a ______________ and a ______________.

Draw funny animals:

The rabaraffe

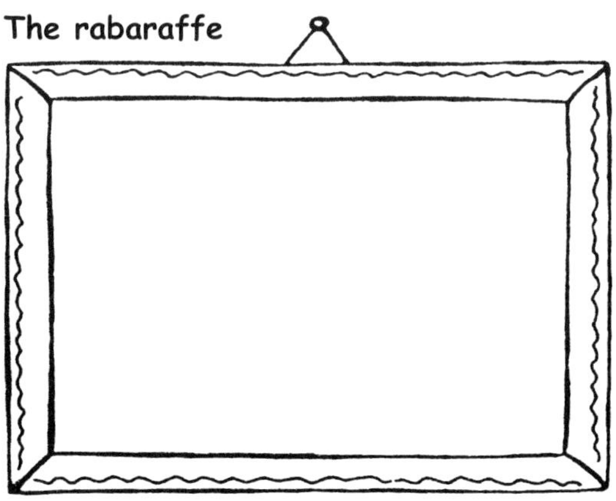

The lionphant

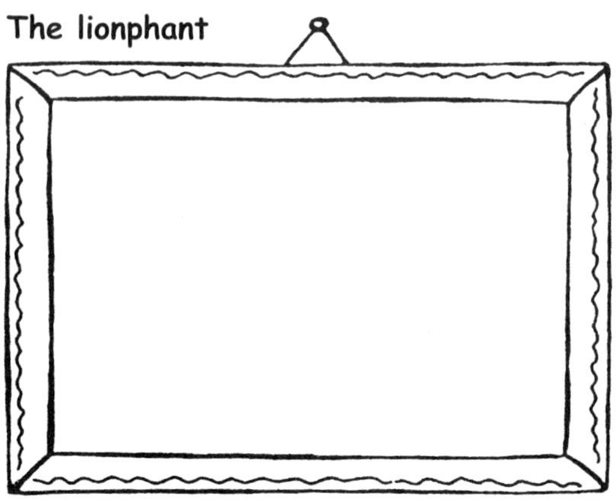

6. **Animals. Read the sentences. Tick right or wrong.**

	Yes	No
The snake drinks coca cola.		
A lion eats apples.		
A fish lives in the water.		
A hamster eats fish.		
A parrot can fly.		
A rabbit eats carrots.		
A zebra is black and white.		
A mouse has seven legs.		
A hippo has green horns.		
A lion has a mane.		
A horse has paws.		

7. **What do they say? Number the speech bubbles.**

Name: Date: **the City**

Show what you know about THE CITY

1. Where do the people go?

Listen to your teacher and draw in the ways.

2. What are the names of these buildings? Tick the right answers.

- ☐ church
- ☐ toy shop
- ☐ post office

- ☐ school
- ☐ bakery
- ☐ zoo

- ☐ post office
- ☐ airport
- ☐ butcher's

- ☐ post office
- ☐ park
- ☐ butcher's

- ☐ doctor's
- ☐ park
- ☐ toy shop

- ☐ church
- ☐ butcher's
- ☐ supermarket

3. Where are these people? Fill in the names of the buildings.

She is in the ____________________

He is at the ____________________

He is at the ____________________

She is at ____________________

4. What are the words for these directions?

Link the sentences and the pictures.

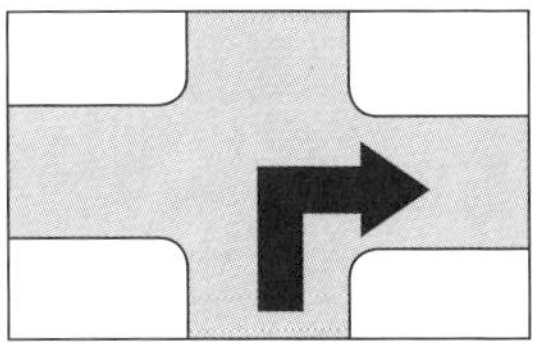

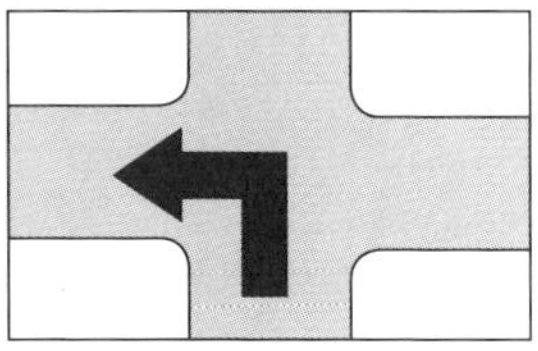

turn left | go straight on | turn around | turn right

5. Draw in the right way.

Where does Charlie go?

First, he goes straight on. Then he turns right and soon after that turns left. Then Charlie turns left again and then right.

Which building is on the right hand side?

It's the ______________________________.

6. Explain the way to the toy shop. Start from here (X).

____

____

____

____

____

____

____

____

Show what you know about HOBBIES

1. **Listen to your teacher. What do they do? Number the things.**

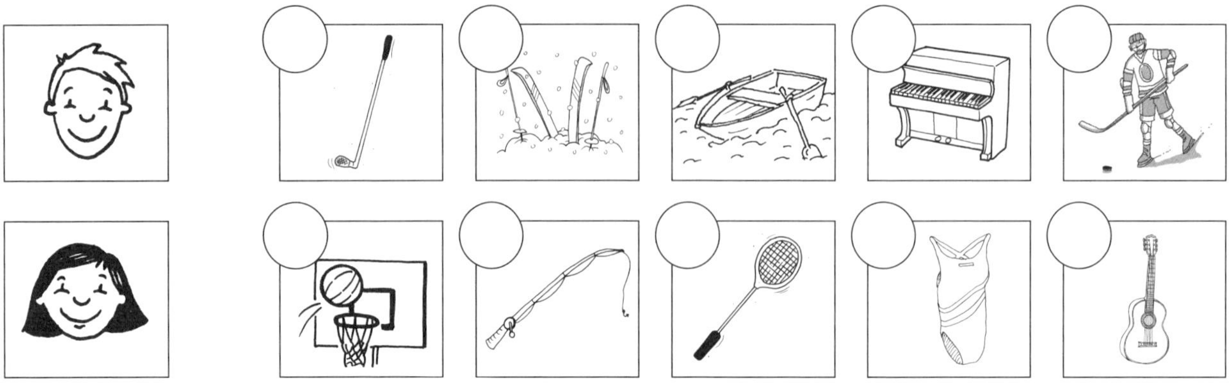

2. **Look at the pictures and read the sentences. Tick the right answer.**

- ☐ She likes cycling, skiing and swimming.
- ☐ She likes playing table tennis, playing golf and windsurfing.
- ☐ She likes playing tennis, fishing and to read a book.

- ☐ He likes playing computer games, fishing and riding a horse.
- ☐ He likes fishing, skiing and playing basketball.
- ☐ He likes riding a horse, fishing and rowing.

- ☐ She likes rowing, cycling and playing cricket.
- ☐ She likes swimming, playing the guitar and skiing.
- ☐ She likes playing the guitar, fishing and playing cricket.

- ☐ She likes singing, fishing and skiing.
- ☐ She likes cycling, golfing and to paint a picture.
- ☐ She likes playing ice-hockey, playing the piano and playing tennis.

3. **Read the sentences and give tips.**

4. **Find 9 things that you can play.**

C	R	I	C	K	E	T	C	G	R	T
F	O	O	T	B	A	L	L	O	U	E
B	A	S	K	E	T	B	A	L	L	N
Y	X	P	P	I	A	N	O	F	Y	N
P	I	C	E	H	O	C	K	E	Y	I
T	A	B	L	E	T	E	N	N	I	S
P	L	O	U	G	G	U	I	T	A	R

Write down all words that you found.

__________ __________ __________

__________ __________ __________

__________ __________ __________

5. **Read the postcard and fill in the missing words.**

Hello Timmy,
I'm on holiday in England. Here
I do lots of sports. I play
__________ ( ), I play
__________ ( ) and
I go __________ ( ).
When it's rainy, I __________ ( )
a book or I __________ ( ) a
picture.
My sister likes __________ ( )
and __________ ( ).

Bye, Susan

To
Timmy Jones
Hill Street 1082
Dublin 1
Ireland

Name: Date:

toys

Show what you know about TOYS

1. Listen to your teacher. Tick the things that belong to the children.

Sally: 

Emma: 

Terry: 

Joe: 

Annie: 

2. Look at the pictures. Write the name of the toys down.

 ____________

 ____________

 ____________

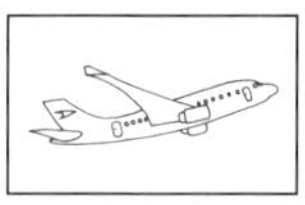 ____________

 ____________

 ____________

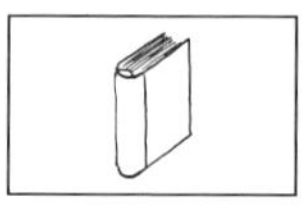 ____________

3. Write down the missing words.

4. **Look at the pictures. Read the texts and draw lines.**

Tommy has
a computer
and a racing car.

Timmy has
a plane
and a football.

Sally has
a skateboard
and a puzzle.

5. **Look at the rooms. Tick what´s right or wrong?**

	Yes	No
The computer is on the table.		
In the room there are five balls.		
The skipping rope is on the ground.		
There are nine books.		
The puzzle is on the table.		
The teddy bear and the doll are on the bed.		
The building bricks are under the bed.		
The train is on the ground.		
The airplane is on the table.		

Literatur

Kania, K. (2003). First Stepps in der Leistungsbewertung. First Steps. Heft Frühjahr/Sommer 2003. Cornelsen Verlag, S.2–3.

Beutel, S.-I. (2002). Impulse für kreativen Unterricht. Grundschulmagazin 9–10. Prögel Verlag, S.8–13.

Hochstetter, J. (2005). Leistungsfeststellung im Englischunterricht der Grundschule. In: Primary English. Heft 5/2005. Oldenbourg Verlag, S.3–5.

Wallaschek, U. (2003). Weiterentwicklung des Bildungsplans 2004 Grundschule im Blick auf Leistungsbeurteilung. In: Ministerium für Kultus, Jugend und Sport Baden-Württemberg (Hg.). Fremdsprachen in der Grundschule. Handreichung mit den Ergebnissen der Erprobungsschulen Englisch und Französisch. Eigenverlag, S.26–28.